大葆台汉墓黄肠题凑及棺椁的保护与研究

北京市大葆台西汉墓博物馆　编著

科学出版社
北　京

内 容 简 介

本书主要记录了对大葆台汉墓黄肠题凑及棺椁文物进行的保护与研究工作。主要内容包括对大葆台西汉墓出土黄肠题凑和漆棺漆椁文物的病害调研、分析检测、保护修复等具体工作的研究与实施。

本书是一部将考古研究、科学分析与具体文物保护修复工作相结合的著作，对考古工作者、文物保护工作者、文物修复工作者、文物爱好者具有一定的参考和借鉴意义。

图书在版编目（CIP）数据

大葆台汉墓黄肠题凑及棺椁的保护与研究 / 北京市大葆台西汉墓博物馆编著. —北京：科学出版社，2018.5

ISBN 978-7-03-057269-1

Ⅰ. ①大… Ⅱ. ①北… Ⅲ. ①汉墓－文物保护－丰台区－西汉时代 Ⅳ. ① K878.8

中国版本图书馆CIP数据核字（2018）第083448号

责任编辑：雷　英 / 责任校对：邹慧卿
责任印制：肖　兴 / 封面设计：金舵手世纪

版权所有，违者必究。未经本社许可，数字图书馆不得使用

科 学 出 版 社 出版
北京东黄城根北街16号
邮政编码：100717
http://www.sciencep.com

中国科学院印刷厂 印刷

科学出版社发行　各地新华书店经销

*

2018年5月第　一　版　　开本：889×1194　1/16
2018年5月第一次印刷　　印张：7 1/4
字数：208 000

定价：200.00元
（如有印装质量问题，我社负责调换）

课题组

组　　长： 白　岩　胡东波

成　　员： 张振松　魏玉彩　陈海霖　何　纳
　　　　　　王　恺　杨　凡　李季荣　杜永梅
　　　　　　吉艺龙

修复人员： 魏玉彩　邓　飞　魏玉周

目　　录

第一章　大葆台汉墓黄肠题凑及棺椁的文物价值及保存现状 1
- 第一节　大葆台汉墓墓葬结构 1
- 第二节　大葆台汉墓出土木构件保存现状分析 4

第二章　分析与保护方法概述 9
- 第一节　分析检测方法简述 9
- 第二节　保护修复方法简述 14

第三章　分析检测 21
- 第一节　材种鉴定 21
- 第二节　气干密度与含水率分析 23
- 第三节　红外光谱分析 23
- 第四节　特殊腐蚀分析 27
- 第五节　微生物病害分析 28
- 第六节　病害分析 29
- 第七节　大葆台汉墓题凑木树种的新发现 33

第四章　病害分析 39
- 第一节　保存现状 39
- 第二节　漆棺漆椁病害描述 41

第五章　保护修复技术路线及其具体步骤 ············ 54

第一节　保护修复理念 ············ 54
第二节　具体保护修复原则 ············ 54
第三节　保护修复技术路线 ············ 55
第四节　保护修复方法与实验研究 ············ 56

第六章　保护修复工作 ············ 90

第一节　工作进展总结 ············ 90
第二节　修复工作总结 ············ 90
第三节　修复后评估及保护建议 ············ 93
第四节　修复过程中的发现 ············ 94

附录1　木材样品鉴定结果 ············ 97

附录2　大葆台汉墓木材含水率及气干密度测定方法 ············ 104

附录3　大葆台汉墓木材样品含水率及气干密度测定具体实验数据 ············ 105

后记 ············ 107

第一章 大葆台汉墓黄肠题凑及棺椁的文物价值及保存现状

第一节 大葆台汉墓墓葬结构

大葆台汉墓位于北京市丰台区郭公庄西南隅，是北京地区首次发掘的大型西汉墓葬。此处共发现东西并列的两座大型墓葬，均为竖穴土坑木椁墓，为夫妻并穴合葬。一号墓保存较为完好；二号墓被盗后，被严重火烧。关于一号墓的墓主人，最早被认定为汉武帝于元狩六年（公元前117年）封立的燕王刘旦[1]，但后有研究者认为其应为刘旦之子刘建（公元前73～前45年在位）[2]，亦有学者提出大葆台汉墓之墓主应为刘建之孙刘璜（公元前23～前3年在位）[3]。目前大多数学者认可刘建的说法。

大葆台一号墓墓葬平面呈"凸"字形，坐北朝南，口大底小如斗状。墓口南北长26.8m，东西宽21.2m；墓底南北长23.2m，东西宽18.0m；墓底距墓口深4.7m。整个墓由封土、墓道、甬道、外回廊、"黄肠题凑"与前室、后室等部分组成[4]。前室东西9m，南北7m，高4m，为三梁四柱结构，仿效墓主生前居住和宴飨之所；后室[5]由五层棺椁组成；前、后室四周由内、外回廊环抱，外回廊为两层，周长77.2m，各宽1.6m，高3.0m；内外回廊之间由"黄肠题凑"隔开。整个墓室均为木结构，墓室

---

[1] 北京市古墓发掘办公室. 大葆台西汉木椁墓发掘简报. 文物. 1977.(6): 23-29.
[2] 王灿炽. 大葆台西汉墓墓主考. 文物. 1986.(2): 65-69.
[3] 张振松，靳宝. "汉代文明国际学术研讨会"纪要. 考古. 2008.(11): 89-94.
[4] 北京市古墓发掘办公室. 大葆台西汉木椁墓发掘简报. 文物. 1977.(6): 23-29.
[5] 因《汉书》有云，汉代天子之棺由梓木所做，故又称梓宫.

底部东西向铺有地板，下由 12 条南北纵向地龙承托，地板大部糟朽，地龙下面铺满 20cm 厚的木炭和 50cm 厚的白膏泥；墓顶盖有圆檩（未加工原木）及方檩，大部腐朽，其上亦铺 5～10cm 厚的两层木炭，中间夹有 40～70cm 厚的白膏泥。木炭和白膏泥的作用，是防腐防湿，保护墓室（图 1.1）。

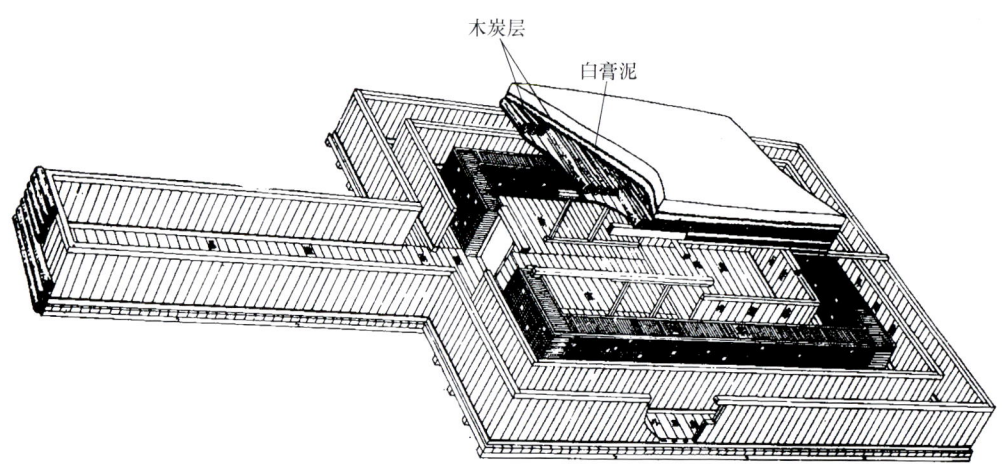

图 1.1　大葆台一号汉墓墓室结构示意图[1]

根据《北京大葆台汉墓》一号墓"墓葬形制"中关于"题凑"部分的介绍，"（题凑）位于外回廊内侧，平面呈长方形。是用长条方木，头向内，层层垒起，形如木墙。南壁正中辟门，使甬道与前室相通"。14 000 根"长条方木"垒起了"外周南北长 15.7m，东西宽 10.8m。内周南北长 13.9m，东西宽 8.9m。保存最高处约为 2.7m"的"木墙"。正如《史记》卷一百二十六《滑稽列传》刘宋裴骃《集解》注引曹魏苏林曰："以木累棺外，木头皆内向，故曰题凑。"

各层黄肠木之间无榫卯固定，但堆垒十分坚固，其顶端有压边木加固。保存最好的地方是西北部，除微向西闪外，整个黄肠木堆垒严密齐整。西北角向东北有较多移动，个别题凑木有被搬动的现象，或与北部

---

[1]　大葆台汉墓发掘组，中国社会科学院考古研究所. 北京大葆台汉墓. 北京：文物出版社. 1989：10.

盗坑有关[1]。

大葆台汉墓首次发现这种葬制的实物，为我们提供了文献中有关"梓宫、便房、黄肠题凑"等记载的实物，明确了学界对"黄肠木"的种种猜测，并折射出许多西汉时期自然的和人文的信息[2]。

在此之后，我国考古工作者又分别在河北石家庄小沿村张耳墓、湖南长沙咸家湖三座吴姓长沙王及王后墓、河北定县八角廊中山王墓、北京石景山区老山汉墓和江苏高邮县神居山广陵王夫妇墓、江苏盱眙大云山汉墓、山东定陶灵圣湖汉墓等墓葬中发现了"黄肠题凑"。西汉时期国势强大，国库充盈，因而"黄肠题凑"墓有了空前的发展，现在所见到的"黄肠题凑"墓，大多都是西汉时期的墓葬[3]，进入东汉之后，真正的"黄肠题凑"墓已几乎不见，并开始用仿制的"黄肠石"代替真正的"黄肠木"[4]。

黄肠题凑只在西汉时期短暂存在的原因大致有二：第一，汉代生产力提高，垦田日广，但由于"伐木而树谷"[5]，再加之修建宫室、桥梁，制造车船，以及营建陵墓等的砍伐，木材大量减少，特别是在人口密度较大的地区，已明显感到了木材的匮乏[6]，如《后汉书·光武十王·中山简王焉传》记刘焉死后汉和帝与窦太后为他修陵墓时说"发常山、钜鹿、涿郡柏黄肠杂木，三郡不能备，复调余州郡，工徒及送致者数千人，凡征发摇动六州十八郡"，木材紧缺，营造"黄肠题凑"之难，于此可略见一斑（图1.2）。第二，从西汉中叶以后，砖室墓和石室墓兴起，逐渐取代土坑木椁墓而成为汉代墓葬形式的主流，这对最高统治者也不可能不发生影响。

---

[1] 北京市古墓发掘办公室. 大葆台西汉木椁墓发掘简报. 文物. 1977.(6):23-29.
[2] 赵妍. 大葆台汉墓选址研究. 首都师范大学学报（社会科学版）. 2010.(2):25-29.
[3] 友之. 再说"黄肠题凑". 森林与人类. 2000.(12):19-20.
[4]《后汉书·礼志》记载："方石治黄肠题凑，便房如礼"，考古发掘亦有证实，如江苏徐州的彭城国王墓、河南孟津贵族墓等.
[5]《盐铁论·通有》.
[6] 余化青. 秦汉林业初探. 西北大学学报. 1983.(4).

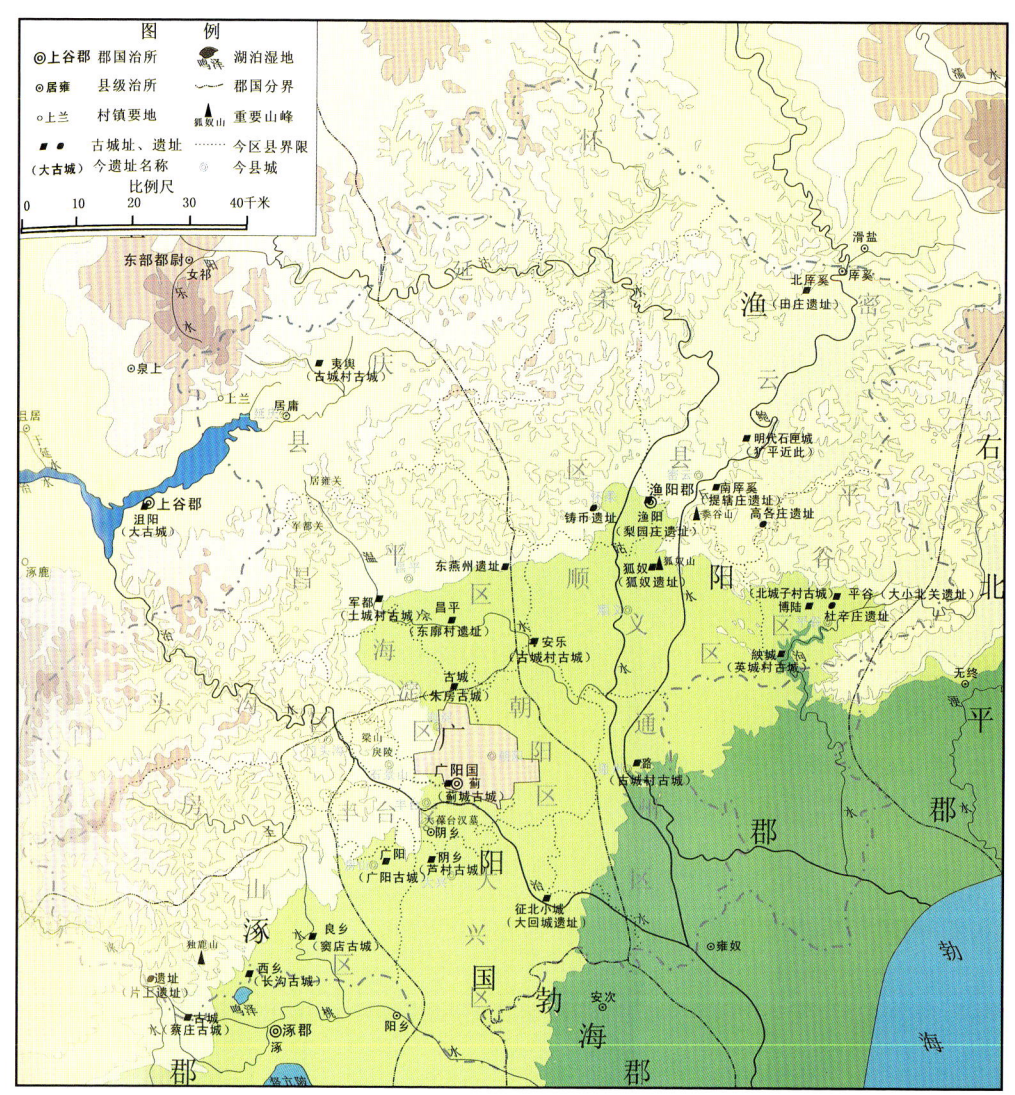

图 1.2 北京地区汉代城址分布及大葆台汉墓位置图[1]

第二节 大葆台汉墓出土木构件保存现状分析

一、劣 变 现 状

大葆台汉墓发掘于1974年,由于其在考古学和北京历史文化研究上的重要意义,1975年北京市政府决定原址建馆保护。

---

[1] 周正义主编. 北京地区汉代城址调查与研究. 北京:北京燕山出版社, 2009. 此图是在谭其骧《中国历史地图集》基础上加上实测点绘制而成的.

从大葆台发掘报告附录二《大葆台墓葬木结构及棺椁木材的鉴定》[1]结果来看：一号墓墓底的垫木、地板、棺床、墓壁板、内外回廊的隔板、盖板到墓顶的圆木和方木全部为大型的油松（*Pinus tabraeformis* Carr.）板材构建；五重棺椁由楠木（*Phoebe nanmu*）、楸木（*Catalpa bunqei* C. A. Mey.）、檫木（*Pseudosassafras*）等几种木质的板材组成；题凑方木为柏木（*Cupressus funebris* Endl.）。由此可见构建整个墓室所耗费木材之巨。

大葆台西汉墓博物馆于1982年建成，此后的几年时间里，未能对一号墓墓室木构件进行有效地保护。在墓室复原展示中，使用了大量的替代材料，大量木构件的原件移到墓外临时库房，几经搬迁，临时库房条件简陋，空间狭小，叠压码放，加之时间推移的自然损毁，保护状况令人担忧。

为了对大葆台一号墓墓室复原陈列厅内现存的地板木、立木及黄肠题凑木的保存状况有更直观形象的认识，研究人员首先通过实地观察和拍照的形式对其状况进行了了解和记录（图1.3）。

图1.3　大葆台西汉墓博物馆墓葬展厅现状

---

[1] 大葆台汉墓发掘组，中国社会科学院考古研究所. 北京大葆台汉墓. 北京：文物出版社. 1989：111.

展厅内木质文物在形态上仍然维持着1982年布展时的原状，仔细观察会发现随着时间的推移，它们都或多或少地有所劣变，不论是地板木、立木还是题凑木，都有各自特有的劣变现象。

地板木大多发生龟裂和小块脱落，并伴有轻微粉化现象（图1.4）。

立木龟裂现象比较突出，故此表皮有所脱落，有些部位即使用手轻抚，也容易碰落（图1.5）。

图1.4 地板木保存现状

图1.5 立木保存现状

题凑木由于种种原因,保存状况并不一致,有一些保存较完整(图1.6(a)),但还有一些已经发生了较为严重的开裂现象(图1.6(d)),而大多数则介于这两种状态之间。与地板木及立木的劣变现象不同,题凑木虽有较多裂隙,但其质地仍比较坚硬致密。现根据题凑木糟朽的具体现象及程度的不同将其分为8种,如图1.6所示。

(a)基本完好　　(b)轻微裂隙
(c)裂隙　　(d)开裂
(e)龟裂　　(f)轻微缺损

图1.6　题凑木保存现状
(按劣变现象及程度分类)

图 1.6 题凑木保存现状（按劣变现象及程度分类）（续）

（g）缺损

（h）严重糟朽

二、劣 变 原 因

由于不同种类木材的特点和性质不同，因此其劣变现象也不同。关于树种的鉴定，我们后面将进行专门讨论。

木材作为一种天然材料，其内部构造具有明显的各向异性。因此，在木材干缩的过程中，不同方向的表现通常不同[1]。研究表明，木材干缩时主要表现为横向收缩，且弦向收缩大于径向收缩，其收缩趋势的差异引入干裂势表示，定义为弦向干缩率与径向干缩率的比值[2]。两者差异性越大，干缩过程中越容易开裂，而这种差异性干缩正是造成木材开裂的最主要原因。木材的开裂现象同样与树种有关，容积越大的树种干缩率也大。理论上讲，木材的收缩开始于含水率降至纤维饱和点（30%左右）时，但是考古出土木材通常在降至饱和点之前就已经开始收缩。此外，还有研究者根据实验数据做出推测，除了木材的构造、初含水率及密度等对初期开裂有影响之外，若木材的含水率在纤维饱和点以上的干缩率相对很小，即干燥前期干缩应力对木材形状尺寸影响较小，而该木材在含水率降至纤维饱和点之下后的干缩率有大幅度改变，则说明会骤然受到较大的干缩应力作用，将会比前后差别小的木材更易开裂。

---

[1] 朱政贤. 木材干燥. 北京：中国林业出版社. 1994.
[2] 杜国兴. 木材的干燥特性及其干裂势的研究. 南京林业大学学报. 1993.17(1):55-60.

第二章　分析与保护方法概述

大葆台西汉墓出土木质文物属于干燥的木材，在对文物进行分析检测与保护修复之前，我们特别翻阅了前人的工作，对北方干燥地区出土木质文物的常用检测方法与保护修复方法总结如下。

第一节　分析检测方法简述

木质文物在发掘出土之后，往往需要选择合适的保护措施，在此之前，对木器的保存现状进行评估十分重要，一般来说，物理和化学性能是我们评估文物保存现状的主要依据。

一、含水率测试

含水率是指木材中水分的重量与木材自身重量的百分比，其具体数值可以用来评估木材中所含水分，包括化合水（构成水）、吸着水（结合水）和毛细管水（自由水）总量的多寡。造成出土木材变形的主要原因是吸着水，即细胞壁中所含的纤维素和半纤维素所带游离羟基通过氢键与分子间作用力吸附的水分子的变化。因为水分子只能进入非结晶区分子链之间以及结晶区的表面，因此当结合水含量增减时，表面张力必将引起分子链之间距离的增减变化，从而导致纤维横向的膨胀或收缩，最终引起木材的翘曲变形。

含水率测试，需测得古木初始重量 M_1，然后将古木试件置于烘箱中，在103℃±2℃[1]的条件下烘至绝干,测其绝干重量 M_2[2]。

绝对含水率(U_m)的计算公式如下:

$$U_m = \frac{M_1 - M_2}{M_2} \times 100\%$$

二、化学成分测定

木材细胞由主要成分和次要成分组成,主要成分有:纤维素、半纤维素和木质素,次要成分有树脂、单宁、香精油、色素、生物碱、果胶、蛋白质、灰分等。其中纤维素起骨架作用,半纤维素起黏结作用,木质素起硬固作用。目前,一般认为在木材中木质素与半纤维素通过化学键结合,形成复合物[3]。

1. 灰分

植物中的灰分直接或间接来自土壤矿质,又称矿质元素,将古木放入600℃的马弗炉中灼烧,样品干燥后称得的质量即为灰分的质量。

2. 木质素

用(72±0.1)%(m/m)硫酸水解经苯醇混合液抽提过的木粉试样,然后定量测定水解残余物(即酸不溶木素)的质量[4]。

3. 综纤维素

综纤维素是木材在脱去木质素后所剩下的纤维素和半纤维素的总量,测定方法是在pH为4~5时,用亚氯酸钠处理已抽出树脂的试样以除去所含木质素,定量地测定残留物(即综纤维素)量[5]。

---

[1] 木材含水率测试温度采用国家标准:GB/T 1931—2009.

[2] 张金萍,章瑞. 考古木材降解评价的物理指标. 文物保护与考古科学. 2007. 19(02):34-37.DOI:10.3969/j.issn.1005-1538.

[3] 赵红英,王经武,崔国士,等. 饱水木质文物的理化性能和微观结构表征. 东南文化. 2008.(4):89-92.

[4] 木素的测定. GB 02677.8—1994-T. 造纸原料酸不溶木素含量的测定.

[5] 综纤维素的测定. GB 02677.10—1995-T. 造纸原料综纤维素含量的测定.

目前，我们一般通过对比古木和新鲜木材各组分相对含量的变化来表征古木的腐蚀状况，但一般来说，古木的腐蚀方式十分相似，与新鲜木材相比，古木的半纤维素几乎消失殆尽，纤维素大部分降解，木质素相对含量升高。并且不同树种、同一树种不同树株，木材的化学成分都有差异，故在使用化学组分来表征古木的腐蚀状况时，还需要结合其他的分析检测结果。

三、红外光谱法测定

木材主要由纤维素、半纤维素、木质素三种天然有机高分子物质组成，此外还含有烃类、羧酸、酯类、多酚类等少量但种类繁多的可抽提物，其化学组成和结构极为复杂，我们可通过红外吸收光谱分析方法对木材的保存状况进行定性了解。

羟基是纤维素的主要红外敏感基团，半纤维素常常含有乙酰基、羧基等红外敏感基团，木质素分子中含有甲氧基—OCH_3、羟基—OH、羰基C＝O、双键C＝C和苯环等多种红外敏感基团。

实际上，木材及其三种主要组分的红外光谱图极为复杂，多数吸收峰存在严重的重叠现象。木材红外光谱的解析比低分子有机化合物困难得多，一般通过将木材分离成单一的组分进行红外光谱分析，然后再进行综合对比以推断吸收峰的归属。纤维素的结构比较简单，容易获得纯样品和高质量的红外光谱图，一般认为纤维素的特征吸收峰为$2900cm^{-1}$、$1425cm^{-1}$、$1370cm^{-1}$和$895cm^{-1}$；半纤维素的红外光谱，因单糖残基和其他侧基的不同而异，但$1730cm^{-1}$附近的乙酰基和羧基上的C＝O伸缩振动吸收峰是半纤维素区别于其他组分的特征；木质素本身难以分离得到，其红外光谱也最为复杂，针叶材的G型与阔叶材的G-S型又有所不同，此处不列出文献中所有木质素的吸收峰归属，结合《木材波谱学》一书中的相关论述，认为针叶材木质素的特征峰主要为$1600cm^{-1}$附近的苯环骨架振动吸收峰和$1330cm^{-1}$附近的S环和5-取代G环吸收峰（表2.1）。

表 2.1　针叶材红外光谱中各吸收带的归属

波数 /cm^{-1}	吸收带归属及说明
3330	O—H 伸缩振动
2910	C—H 伸缩振动
1730	C—O 伸缩振动（木聚糖乙酰基 CH$_3$C—O）
1600	苯环的碳骨架振动（木质素）
1510	苯环的碳骨架振动（木质素）
1460	C—H 弯曲振动（木质素、聚糖中的 CH$_2$）；苯环的碳骨架振动（木质素）
1425	CH$_2$ 剪式振动（纤维素）；CH$_2$ 弯曲振动（木质素）
1370	CH 弯曲振动（纤维素和半纤维素）
1330	O—H 面内弯曲振动；S 环和 5- 取代 G 环（木质素）
1240	酰氧键 CO—OR 伸缩振动（半纤维素乙酰氧基）；苯环 - 氧键伸缩振动（木质素）
1160	C—O—C 伸缩振动（纤维素和半纤维素）
1030	C—O 伸缩振动（纤维素、半纤维素和木质素）
900	异头碳（C$_1$）振动频率（多糖）
835	C—H 的面外弯曲振动；G 环的 2, 6 位（木质素）

目前普遍使用的是 KBr 压片法制样，扫描波数范围在 500～4000cm^{-1} 的红外分光光度计进行测定。

四、显微切片观察

显微切片观察法不仅可以对古木细胞壁的保存状况进行观察，从而判断古木的腐蚀情况，并且能够有效地进行材种鉴定。

成熟植物纤维细胞是新生的植物细胞生长发育后形成的。新生植物细胞的最外层是细胞壁，细胞与相邻细胞之间称为胞间层，细胞壁以内的部分总称为原生质层。

成熟植物纤维细胞是死细胞，细胞腔内的原生质层已消失，仅保留下完整的细胞壁的结构。故探讨成熟植物纤维细胞的结构，实际上就是指细胞壁的结构。

如图 2.1 所示，纤维细胞之间存在交界层，称为胞间层（middle lamella,

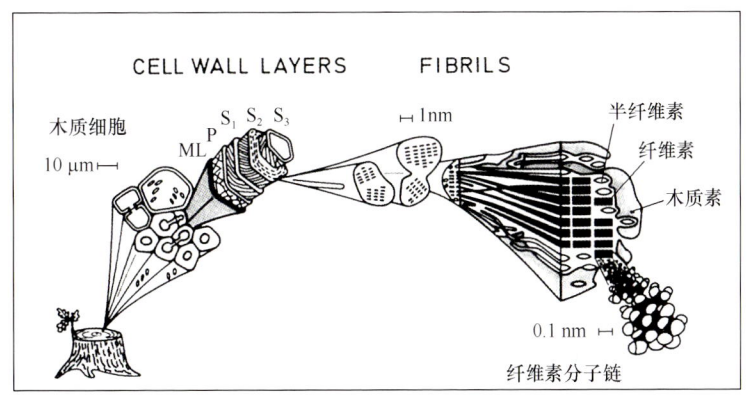

图 2.1　木材纤维细胞壁结构[1]

ML），细胞壁分为初生壁（primary wall，P）和次生壁（secondary wall，S），分别以 P 和 S 表示。次生壁由外到内分为外层、中层和内层，分别以 S_1、S_2 和 S_3 表示。

古木的腐蚀状况，在细胞壁上主要表现为次生壁的溶蚀，并从胞间层中脱离[2]。

甘肃武威磨嘴子和高台骆驼城遗址中出土的汉代棺木的显微照片显示，细胞壁组织结构破损、残缺不全，其化学成分分析结果为纤维素最大降解度约 35.2%，半纤维素含量最低仅 12.1%[3]。

Per Hofffmann 和 Mark A. Jones[4] 对 400~2000 年前的不同种欧洲考古出土的饱水木材进行了研究，通过与现代新鲜样品的对比，描述了木材的保存现状。欧洲橡树（European oak）的显微镜照片显示：由于半纤维素被降解，次生壁晶体结构松动，方便水分子进入细胞壁，从而使细胞吸收大量的水。欧洲桉树（European ash）的显微观察结果也可以看出次生壁的松动，并且 Hoffmann 和 Jones 认为细胞内 S_1~S_2 的分界面是不稳定的

---

[1][4]　Per Hofffmann, Mark A. Jones. Structure and Degradation Process for Waterlogged Archaeological Wood. In Archaeological Wood. Rowell, R., et al. Washington, DC: American Chemistry Society. 1989: 35-65.

[2]　Katarina Čufar, Jožica Gričar, et al. Anatomy, Cell Wall Structure and Topochemistry of Water-Logged Archaeological wood aged 5,200 and 4,500 years. IAWA Journal. 2008, 29(1):55-68.

[3]　陈庚龄. 甘肃出土糟朽木器的形态与结构分析. 文物保护与考古科学. 2012. 24(01):87-94.

区域，这个部分的糖类，即纤维素和半纤维素更加容易水解，导致次生壁晶体结构松动。荷兰榆木（Dutch elm）的观察结果显示，导管细胞（vessel）、管胞（tracheids）和薄壁组织细胞（parenchyma cell）的细胞壁均被降解，黑色粒状纤维素残渣附着在胞间层上。化学成分的变化也显示次生壁被水充满，糖类被降解，细胞壁中仅剩下木质素。

第二节　保护修复方法简述

北方干燥地区考古发掘出土的文物，由于其化学成分和结构强度的改变，根据其糟朽状态的不同，保护工作分为：表面清理、除虫灭菌、填充加固、漆皮回软、漆皮回贴与加固，以及封护等几个步骤。

一、表面清理

表面清理的目的是清除器物表面附着的灰尘、泥渍，以及霉斑等污渍，恢复器物原本的面貌。目前国内普遍使用的表面清洗方法是用软毛刷蘸取纯水，或乙醇与丙酮混合溶液进行擦拭处理。

雷金明在对河北宣化辽墓出土木质文物保护时，先使用纯水、乙醇与丙酮进行了表面清洗，之后使用除虫菊酯与NMF-1复配杀虫防霉剂对木质文物中的微生物进行表面清洗[1]。卢燕玲使用乙醇或0.15%食菌糠乙醇溶液对武威磨嘴子汉墓出土的木质文物进行处理[2]。胡晓伟等[3]在对泉州闽台馆馆藏木质文物进行表面清洁处理时也采用纯水、75%酒精或酒精与丙酮混合溶液进行仔细擦拭。

---

[1] 雷金明. 河北宣化辽墓群出土木质文物的保护修复研究. 中国文物保护技术协会. 中国文物保护技术协会第七次学术年会论文集. 中国文物保护技术协会. 2012:10.
[2] 卢燕玲. 武威磨嘴子汉墓新近出土木质文物的抢救保护与修复. 文物保护与考古科学. 2010. 22(04):97-101.
[3] 胡晓伟, 费利华, 李国清, 等. 泉州闽台馆馆藏木质文物的保护处理. 文物保护与考古科学. 2007. 19(03):50-53.DOI:10.3969/j.issn.1005-1538.2007.03.009.

二、除虫灭菌

木质文物的主要害虫是白蚁、竹粉蠹、窃蠹等，均以纤维素物质为食，并在木质文物上留下蛀洞，对文物造成不可弥补的重大损失。对木质文物进行除虫处理，应当遵循"以防为主、综合治理"的方针，务必在杀灭现有虫害的基础上，通过对库房或展厅环境的控制，人为创造对木质文物保存有利而对害虫不利的生态环境，从而达到抑制害虫发生的目的[1]。

目前常用的集中灭杀虫害的方法有物理灭杀法、化学灭杀法以及生物灭杀法。

1. 物理灭杀法

物理灭杀法主要是利用能使害虫致死的温度、脱氧、脱水、非热形式的辐射能等方法来进行灭虫，常见的物理灭杀法有高低温灭杀法、微波灭杀法与低氧法。

高温灭杀法，即将虫害文物放置在50~60℃的容器中进行灭虫[2]；低温灭杀法，即以低温致使害虫新陈代谢停止或接近停止。高温灭杀法虽效果好、操作简便、无残毒，但在加热的过程中易造成文物材质的加速劣化；而低温灭杀法所需温度需控制在-20℃左右，需要的时间相对较长，且对虫卵的灭杀效果非常有限。

微波灭杀法，即利用微波辐射，使害虫体温剧增以加大失水量而致死。冯惠芬等利用微波灭杀大部分的害虫均达到了理想的效果[3]。

充气除氧灭虫是低氧法中最常见的一种方法，其原理是在密闭的容器内将空气抽成真空，并充入一定量的惰性气体——氮气、氩气或二氧化碳，以达到降低体系氧气含量的目的，从而达到杀灭害虫的效果。此法常用于珍贵档案书画材料的灭虫，这种方法的优点是污染小、见效快、灭虫范围

---

[1] 马淑琴，刘恩迪. 故宫文物虫害防治初探. 故宫博物院院刊. 1989.03:93-96+82.
[2] 毛志平，曹盛葆. 浅谈基层文博单位文物藏品虫害及其防治. 中国文物保护技术协会. 中国文物保护技术协会第三次学术年会论文集. 中国文物保护技术协会. 2004:5.
[3] 冯惠芬，陶琴，荆秀昆. 微波对档案害虫的致死效果综述. 档案学研究. 1992.02:84-88.

广，且在文物的表面也不会有化学残留物。美国《独立宣言》就永久性地保存于密封的氮气环境中；香港历史档案馆[1]及上海市、重庆市的有关单位利用充氮除氧方法在灭杀档案图书害虫上均获得了不错的效果。

2. 化学灭杀法

化学灭杀法是通过药剂与虫体接触，造成昆虫内部组织细胞的破坏，产生病理学变化，最后形成全部生理机能的变化来达到消灭虫害的目的。化学灭杀法的优点是能在短时间内将任何发育阶段的某种害虫全部杀灭；缺点是：杀灭害虫的大部分都是剧毒性药品，使用时一定要有严格的技术要求，以免损害人的身体健康。常见的化学熏蒸剂有：溴甲烷、环氧乙烷、除虫菊酯，以及南京博物院研发的低毒 NMF-1 气相防虫防霉剂[2]等，均能达到很好的杀虫效果，但化学杀虫剂对环境的影响较大。

3. 生物灭杀法

生物灭杀法是利用信息素、病原微生物、抗生素、寄生性天敌和捕食性天敌等进行害虫的防治[3]。生物灭杀法针对性较强，但国内的研究报道较少。

三、填 充 加 固

由于考古出土的木质文物与新鲜木材相比，其组织结构、化学成分、力学性能都遭到极大的破坏，因此亟待加固，以提升其物理强度。

目前木材加固的方法主要分为两类：一类是物理加固，即使用如钉、箍、接、补等方法对某些破损严重的木质文物进行加固；另一类是化学加固，即使用化学物质填充空隙使之固化在木材内，从而达到增加强度的目的[4]。主要使用的化学试剂如下。

---

[1] Roswitha Ketzer. 紫藤译. 香港历史档案馆是如何控制虫害的. 机电兵船档案. 2004.(3).

[2] 龚德才，李晓华，何伟俊，龚洁荣. 南京图书馆馆藏古籍防霉防虫处理. 东南文化. 2000.(03):127-128+5.

[3] 康云霞. 陕西省档案图书害虫种类及综合治理研究. 西北农林科技大学. 2007.

[4] 刘秀英，陈允适. 木质文物的保护和化学加固. 文物春秋. 2000.(1):50-59.DOI:10.3969/j.issn.1003-6555.2000.01.016.

1. 无机加固剂

使用较多的是明矾和水玻璃。明矾又名硫酸铝钾,能在热水中溶解,随着温度的降低,可由液体变为固体。但明矾处理后,木器颜色加深、变暗,重量增加,质感甚差,在潮湿的环境中,还会有吸湿返潮现象。同时明矾分子的高黏性,使之难以完全渗进木器内部,这样,即使木器已作处理,其内部仍有塌陷的危险[1]。

水玻璃(Na_2SiO_3)无色胶状溶液,强碱性,易溶于水。原理是将水玻璃溶液喷洒在木材上,通过铝电极通入直流电,使水玻璃在直流电作用下进入木材。在20世纪70年代奚三彩先生和蔡润先生曾用此法进行实验,但未取得满意效果[2]。

2. 有机加固剂

从来源上分,主要分为两类:一类是天然的有机材料,如天然胶(皮胶、骨胶、鱼胶、豆胶)、油类(桐油)、蜡(蜂蜡和石蜡)、树脂及蔗糖;另一类是合成树脂。

天然胶的耐腐性较差,且易吸湿;桐油处理木材的优点是硬度大,拒水,但缺点是在冷却情况下很难全部硬化,还会污染木材表面;虽然在蜡中加入杀虫、杀菌剂,能够在加固之外达到防腐、防虫的效果,但是蜡的渗透性差,耐候性差,易老化和变脆。蔗糖处理的木材,易吸湿、易霉变,故天然材料近年来已逐渐被合成树脂所代替[3]。

合成材料使用较多的主要有PEG(聚乙二醇)、环氧树脂、PVB(聚乙烯缩丁醛),以及丙烯酸树脂(PB-72、AC33)几类。

PEG法主要适用于饱水木器的脱水,优点是操作简便,但缺点是PEG溶液分子量大,黏度大,渗透缓慢,且处理后木材颜色会加深。

环氧树脂是我国古建筑维修范围上指定的化学加固剂,一般用于达木构件的加固和黏接,国外也有用环氧树脂加固干燥木质文物的报道,即先

---

[1][3] 王晓琪. 古代木器的保护研究. 中国科学技术大学. 2005.DOI:10.7666/d.y730795.
[2] 奚三彩. 文物保护技术与材料. "国立"台南艺术学院. 1999: 129.

将木材放入甲苯中浸泡2小时，然后放入按照环氧树脂（100）+丁基缩水甘油醚（10）+甲苯（5）+聚酰胺（7）配方混合的溶液中浸泡，使之渗透加固[1]。国内郑冬青等对杭州凤凰寺经板进行修复时，使用环氧树脂加颜料的方式对木构件糟朽严重的区域进行了填充加固[2]。

PVB性能较稳定，不受日光影响，不变色，耐老化性和耐热性良好，耐水性高，在潮湿环境中不霉变和溶胀，成膜性好，附着力强，黏接性能良好。由于分子中醇的羟基结构，对存在极性的木质纤维黏接力强，是一种加固干燥木器的良好试剂。刘博[3]用PVB对真空冷冻干燥后的漆木耳杯进行加固处理，取得了不错的效果。

PB-72与AC33是目前糟朽的干燥木质文物常用的加固剂，卢燕玲等[4]在2003年就已证明使用PB-72溶液加固北方干燥地区出土的糟朽漆器的方法是可行的；后续也有很多的使用实例，如近期雷金明使用低浓度的PB-72与AC33采用多次渗透的方式对木质文物进行加固[5]；卢燕玲[6]使用2%～5% PB-72乙酸丁酯溶液对武威磨嘴子汉墓新近出土的木器进行填充加固。

四、漆 皮 回 软

北方干燥地区出土的木胎漆器，由于木胎的糟朽变形，出土时漆皮常

---

[1] 刘秀英，陈允适. 木质文物的保护和化学加固. 文物春秋. 2000.(1):50-59.DOI:10.3969/j.issn.1003-6555.2000.01.016.

[2] 郑冬青，周健林，万俐，王勉. 杭州凤凰寺木质经板及石质读经台的保护. 中国文物保护技术协会、故宫博物院文保科技部. 中国文物保护技术协会第五次学术年会论文集. 中国文物保护技术协会、故宫博物院文保科技部. 2007:4.

[3] 刘博. 漆木耳杯真空速冻干燥及加固处理. 北方文物. 2005.(4):104-107.DOI:10.3969/j.issn.1001-0483.2005.04.019.

[4] 卢燕玲，韩鉴卿，张岚，等. 中国北方干燥地区出土糟朽漆器加固材料及修复方法. 文物保护与考古科学. 2003.15(03):31-34.DOI:10.3969/j.issn.1005-1538.2003.03.005.

[5] 雷金明. 河北宣化辽墓群出土木质文物的保护修复研究. 中国文物保护技术协会. 中国文物保护技术协会第七次学术年会论文集. 中国文物保护技术协会. 2012:10.

[6] 卢燕玲. 武威磨嘴子汉墓新近出土木质文物的抢救保护与修复. 文物保护与考古科学. 2010.22(04):97-101. DOI:10.3969/j.issn.1005-1538.2010.04.013.

呈卷曲、开裂的状态，十分脆弱，为更好地保护器物的完整性，我们通常会采用对卷曲、起翘的漆皮进行回软后再回贴的保护修复方法。目前，主要采用三种方法对漆皮进行软化：第一种是采用浸泡软化的方法[1]；第二种是利用漆膜本身是高分子聚合物具有热塑性的特点，在一定温度范围内，使用蒸汽法让漆膜回软；第三种是使用化学试剂使其回软的方法，马清林等[2]使用水、乙醇、丙三醇的混合液在液温40～60℃时对漆皮回软，经处理的漆皮在液温回复到室温后的较长时间内仍有很好的塑性与弹性。

五、漆皮回贴与加固

漆皮软化后的回贴，在材料的选择上有无色透明、黏接性好、耐老化等要求，目前常用的黏接剂有环氧树脂，但因环氧树脂黏接剂可逆性差，故在黏结断面处涂刷10%PB-72丙酮溶液作为隔离层，以确保文物修复的可逆性[3]。此外，聚醋酸乙烯酯乳液、聚醋酸乙烯酯丙酮溶液及聚丙烯酸乳液加固漆皮，不仅能够增加漆皮的强度，还能防止漆皮进一步卷曲和剥离，而且能增加漆皮的柔软性和可塑性。此外，对于木胎已糟朽的漆器，加固填充高分子量的聚乙二醇或PB-72效果较好[4]。

六、封　　护

为防止气候和环境的变化加速木质文物的劣变速度，在对漆木器进行

---

[1] 李澜，程丽臻. 吉林省渤海国王室墓地出土银平脱梅花瓣形漆奁修复. 江汉考古. 2009.(3):102-105，彩版三. DOI:10.3969/j.issn.1001-0327.2009.03.012.
[2] 马清林，卢燕玲，胡之德，陈兴国，张岚. 中国北方干燥地区出土漆器漆皮回软方法研究. 文物保护与考古科学. 2000.12(02):31-35.
[3] 张芳. 一件木质漆盒的保护修复. 文博. 2010.(4):81-84.DOI:10.3969/j.issn.1000-7954.2010.04.017.
[4] 卢燕玲，韩鉴卿，张岚，等. 中国北方干燥地区出土糟朽漆器加固材料及修复方法. 文物保护与考古科学. 2003.15(03):31-34.DOI:10.3969/j.issn.1005-1538.2003.03.005.

保护修复的最后，会对文物进行表面封护以提高木材的稳定性。传统材料如微晶石蜡[1]，也有使用氟树脂对木器进行封护的[2]，卢燕玲等[3]使用亚麻仁油对修复后的漆皮进行封护，均达到了不错的效果。

---

[1] 王蕙贞. 漆木器类文物保护. 文物保护学. 北京：文物出版社. 2009.235-253.
[2] 郑冬青，周健林，万俐，王勉. 杭州凤凰寺木质经板及石质读经台的保护. 中国文物保护技术协会、故宫博物院文保科技部. 中国文物保护技术协会第五次学术年会论文集. 中国文物保护技术协会、故宫博物院文保科技部. 2007.
[3] 卢燕玲，韩鉴卿，张岚，等. 中国北方干燥地区出土糟朽漆器加固材料及修复方法. 文物保护与考古科学，2003,15(03)：31-34.

第三章 分析检测

为了能够对大葆台汉墓墓室的木构件提出全面而科学的保护意见和方案，对其进行科学的分析检测是必不可少的过程。我们分别对木材样品采用了材种鉴定、红外吸收光谱分析、气干密度与含水率测定，以及微生物显微分析等手段进行检测，以期从材质、埋藏环境、目前状况等方面获得更多系统而准确的信息，从而提出切实可行的保护意见。本次实验检测的分析对象均为木材，取自墓葬不同区域。由于取样限制，本次只选取了墓葬展厅中的地板木、题凑木，以及库房中部分木材上掉落的碎块进行分析，具体记录见下。

第一节 材种鉴定

首先对出土木材的种属进行鉴定，实验地点为中国林业科学研究院，所用仪器型号为 Axioskop 40 &Axio Cam/Cc3 及 ZEISS 镜头。

在此需要说明的是，由于木材为天然生长的有机体，其形态与生长条件有密切关系，变异性较大，并且墓葬出土文物已经多有糟朽，许多特征趋于消失，因此，本次鉴定中除了常作烧炭用材的麻栎以及单种属的侧柏外，其他只能鉴定到属。

本次鉴定分别从墓底所铺木炭、地板木、黄肠题凑，以及库房中取少量掉落的小块木材进行材种鉴定分析，详见附录 1。结果如表 3.1 所示（地板木样品经初步分析有两种木材，分别标记为 S2-1 与 S2-2）。

表 3.1　大葆台一号墓木材材种鉴定结果

样品编号	来源	数量	鉴定结果	备注
S1	墓底木炭	少量	麻栎	—
S2	地板木	少量	S2-1：落叶松	—
			S2-2：硬木松	
S3	题凑木	少量	侧柏	—
S4	库房	少量	硬木松	原位置及用途不详

对于以上鉴定结果，需要作出如下说明：

1. 题凑木木材应为侧柏而非柏木

在1989年出版的《北京大葆台汉墓》[1]一书中附录二《大葆台墓葬木结构及棺椁木材的鉴定》中，对题凑方木的鉴定结果为柏木（*Cupressus funebris* Endl），而非本次鉴定结果所指的侧柏（*Platycladus orientalis* (Linn.) Franco），此外，几乎在所有关于大葆台汉墓"黄肠题凑"的文献中均未对此二者作出明确区分。

2. 关于地板木的两种木材

经取样鉴定，地板木用材或有两种，分属落叶松及硬木松，该结果亦与《北京大葆台汉墓》[1]一书的鉴定结果有所出入，该书将墓葬的铺地板、垫木、棺床等用材均鉴定为油松（*Pinus tabulaeformis* Carr.）一种。

油松属于硬木松类的双维亚属（双维管束松亚属），乔木，树高达35m，胸径1m，是中国特有树种，产于吉林、辽宁、内蒙古、河北、山东、河南、山西、陕西、甘肃、宁夏、青海、四川及湖北西部，生于海拔100～2600m的地带，多成单纯林，华北各大城市多有栽培[2]；而松科松属双维亚属中的其他硬木松种类在华北地区几乎没有分布，此若大葆台墓葬中所用硬木松数量较大，很有可能这些木材当时是就地取材，那么其为油松的可能性是相当大的。

至于鉴定结果中的落叶松，因其种类较多，故无法确认到种。另出于

---

[1] 大葆台汉墓发掘组，中国社会科学院考古研究所. 北京大葆台汉墓. 北京：文物出版社. 1989：111.
[2] 姜笑梅，程业明，等. 中国裸子植物木材志. 北京：科学出版社. 2010：324.

文物保护的最小干预原则，取样时仅取了地板木已掉落的小块木材，因而无法确认其最初来源，可能是地板木，也可能是展厅修建或布置时后混入的现代木材（因其断面相对新鲜），其具体情形还需进一步的调查及未来更多的取样分析来证实。

第二节 气干密度与含水率分析

木材的糟朽主要反映在其物理（机械）性质和化学性质的变化上，如微孔性和渗透性增加导致的含水率及无机物含量增加、密度下降等，因此可以通过测定含水率、密度来帮助判断木材的糟朽程度，而不少文献已经提到或证实，含水率及密度与木材的机械性质有很高的相关性[1]，除此之外，对木材纤维各成分的相对含量进行分析是一个必要的步骤。

含水率及密度测定是通过取样测定样品的湿重、干重及干体积来确定其含水率（含水量/干重）和气干密度（干重/干体积），具体测定方法见附录2。其中湿重和干重均用METTLER TOLEDO AL204型电子天平称量；干体积根据阿基米德原理采用排水法测定（同时用到上述天平）；所用烘箱为天津市泰斯特仪器有限公司生产的101-1A型电热鼓风干燥箱。

含水率及密度测定结果见表3.2（详见附录3）。

表3.2 大葆台西汉墓部分木材气干密度及含水率测定结果

测定项目	落叶松（地板木）	硬木松（地板木）	侧柏（题凑木）	硬木松（库房）
气干密度 ρ（干重/干体积）/（g/cm^3）	—	0.512	0.466	0.437
含水率 w（含水量/干重）/%	8.0	7.6	7.9	6.8

第三节 红外光谱分析

现将本次取样情况及红外吸收光谱谱图列表说明如下，之后我们将对谱图进行简单的分析（图3.1）。

---

[1] 卢衡. 水对木材影响解析. 中国文物保护技术协会第五次学术年会论文集. 2007.

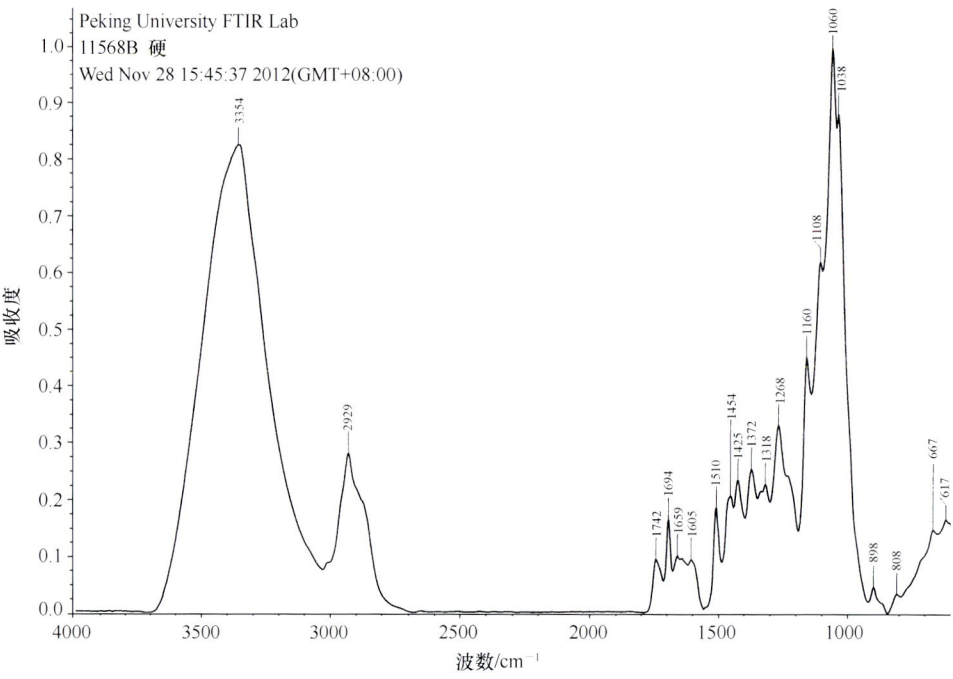

（a）S1-1 硬木松新鲜材样品

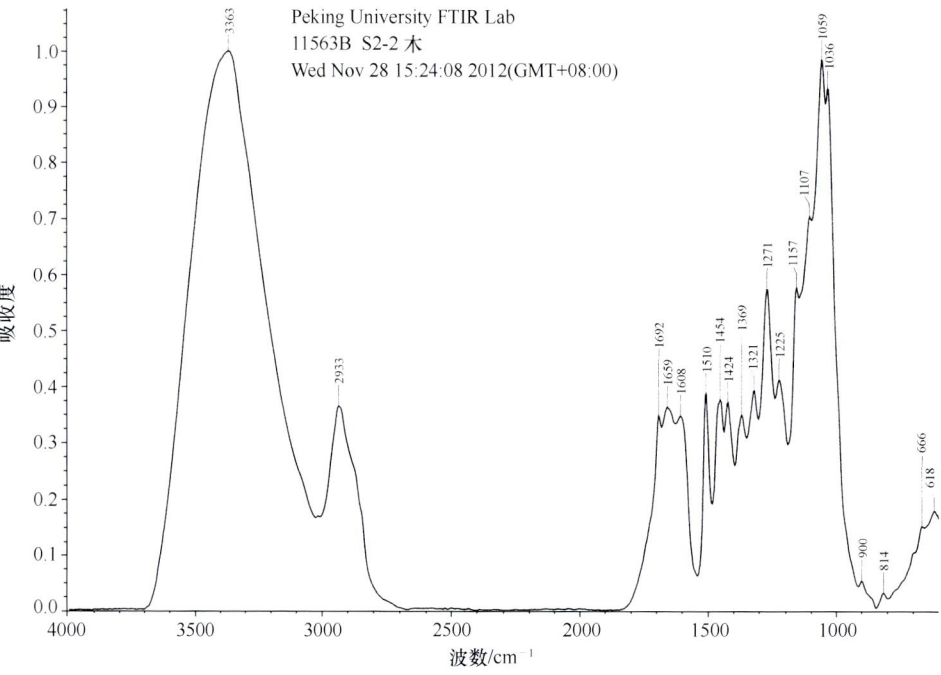

（b）S1-2 硬木松大葆台地板木样品

图 3.1　实验木材样品 FTIR 光谱图

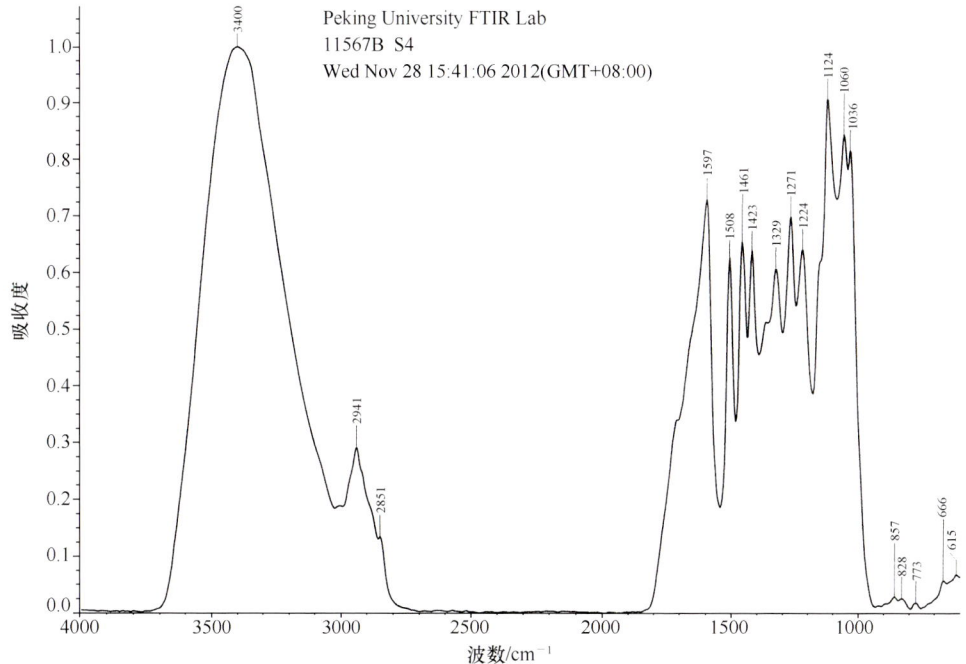

（c）S1-3 硬木松大葆台库房木样品

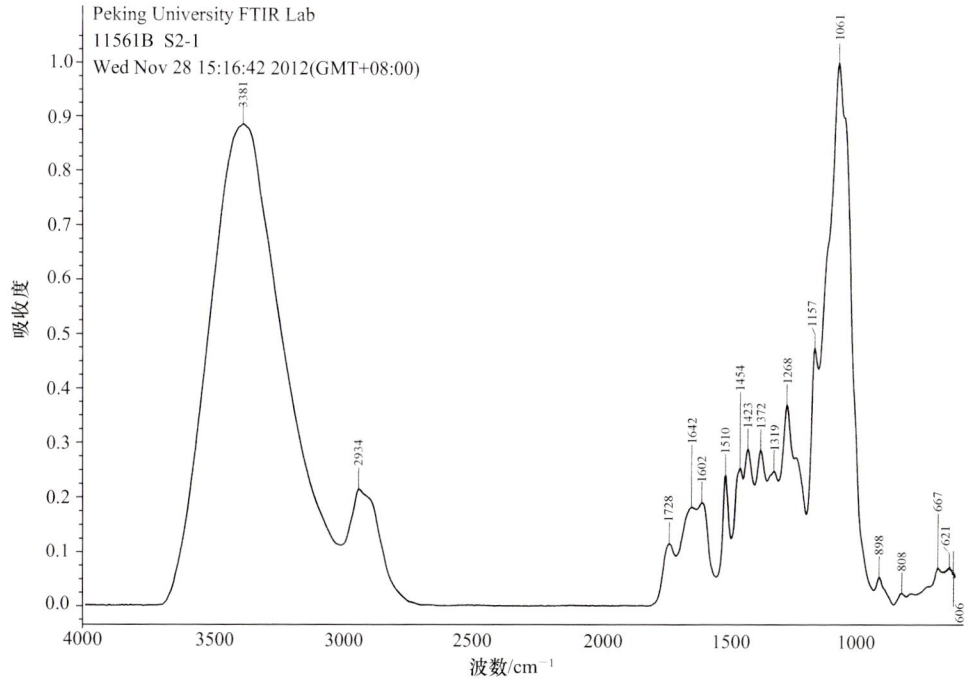

（d）S2 落叶松大葆台地板木样品

图 3.1　实验木材样品 FTIR 光谱图（续）

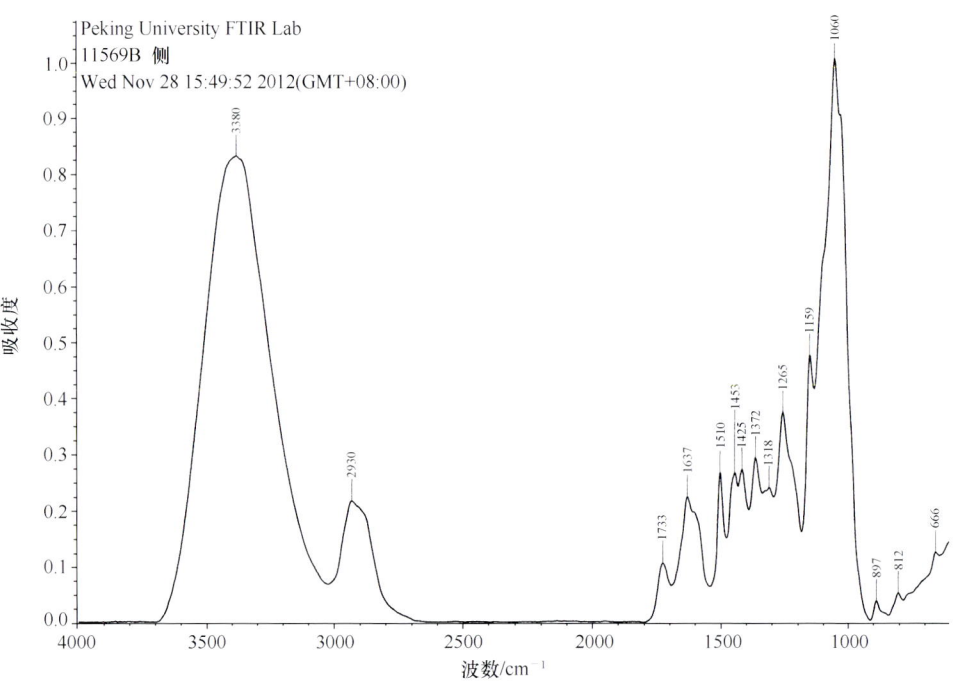

（e）S3-1 侧柏新鲜材样品

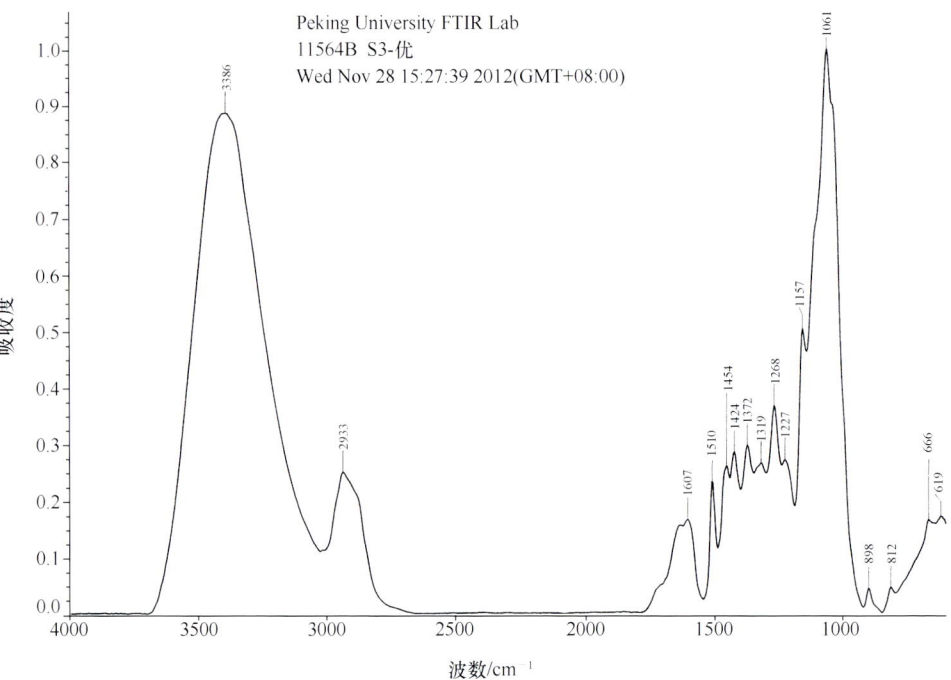

（f）S3-2 侧柏题凑木（优）样品

图 3.1　实验木材样品 FTIR 光谱图（续）

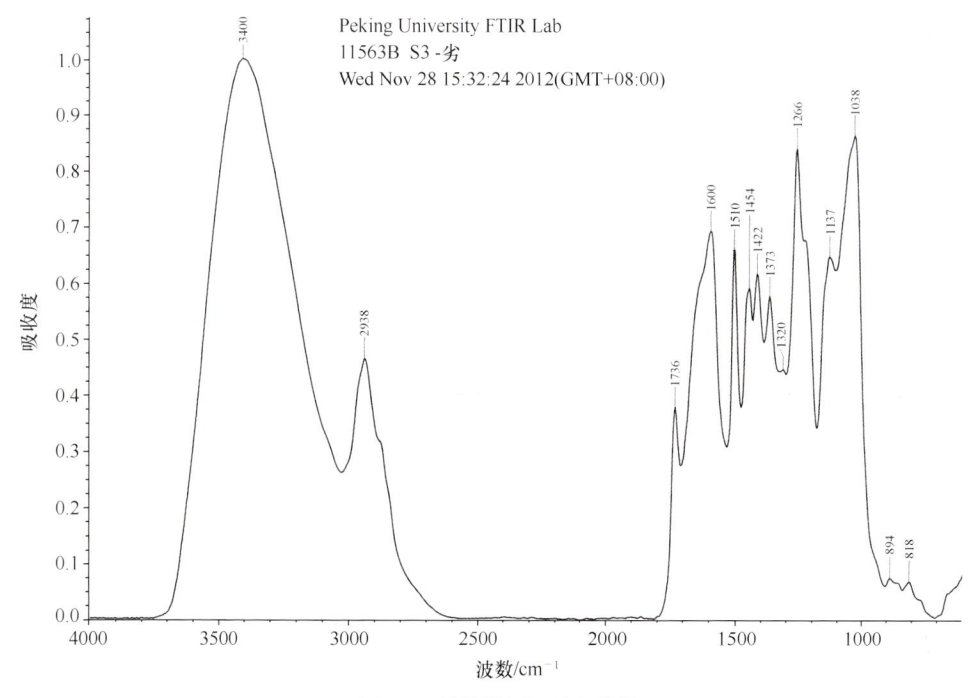

（g）S3-3 侧柏题凑木（劣）样品

图 3.1　实验木材样品 FTIR 光谱图（续）

第四节　特殊腐蚀分析

木材褐腐，是指由褐腐菌分解破坏纤维素所形成的腐朽，腐朽材外观呈红褐色或棕褐色，质脆，中间有纵横交错的块状裂隙。观察发现，所取木材中有样品宏观表现基本符合褐腐现象的描述（图 3.2），因此分别对该木材样品的表层和内部进行取样，作红外分析，得出结果如图 3.3、图 3.4 所示。

图 3.2　木材外层特殊腐蚀现象

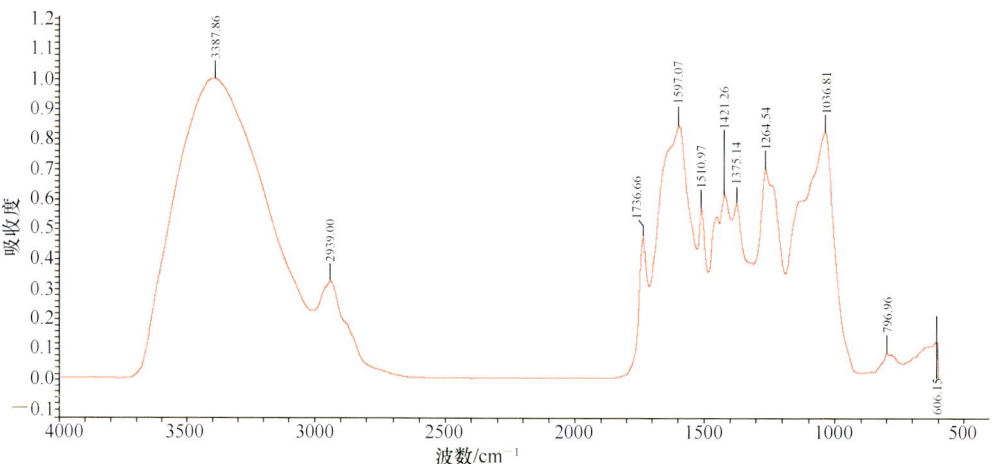

图 3.3　外层木材取样 FTIR 光谱图

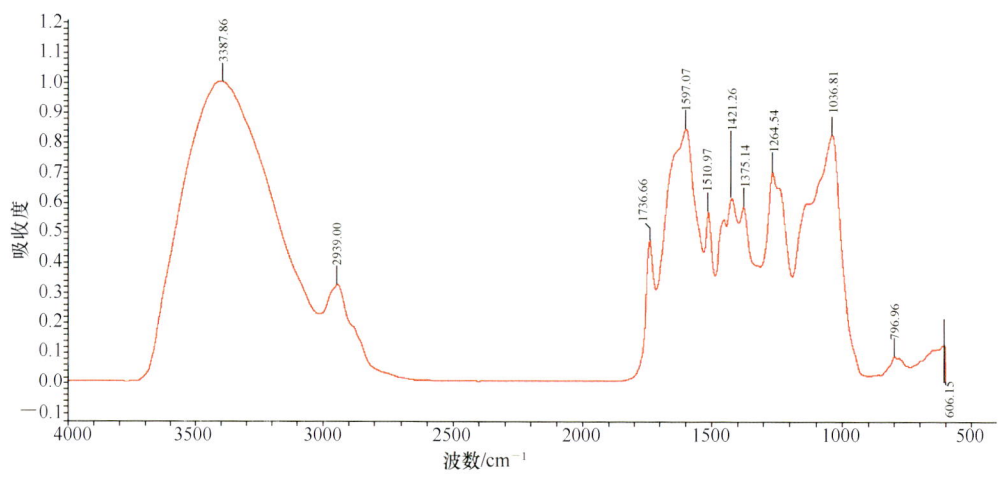

图 3.4　内部木材取样 FTIR 光谱图

第五节　微生物病害分析

考古出土的木质材料,由于在漫长的埋藏过程中处于潮湿阴暗的环境,难免会滋生多种微生物,侵蚀降解木质纤维结构,最终破坏微观构型,使有机质大量流失,韧度和机械强度下降,为出土后的保存带来极大不便。在本次检测的硬木松样品中,同样发现了微生物存在的痕迹。为了对微生物的种类做出初步判定,我们对发现微生物的木材处进行了显微观察,摄得显微照片如图 3.5 所示。

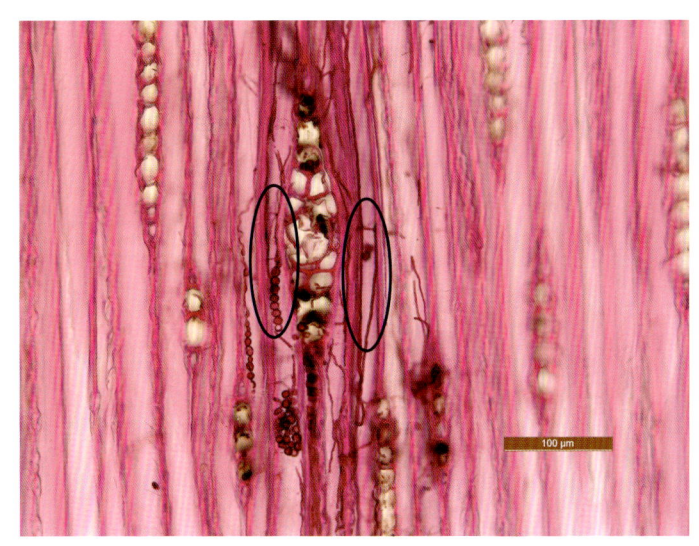

图 3.5　库存出土木材中的微生物显微照片

第六节　病害分析

在之前的实验中，我们分别使用了材种鉴定、气干密度与含水率、红外光谱及微生物显微观察等手段对大葆台出土的木材进行了科学检测。根据实验结果，我们可以分别进行如下分析。

（1）研究表明，对于古木材而言，这种水分流失对于木材结构的影响相较于正木材还要明显很多。自然生长状态下的木材中的水分多以树液的形式存在，含量随树种、季节和部位差异而变化。当木材的吸湿与解吸速度相等时，含水率相对恒定不变，称为平衡含水率。平衡含水率的大小随大气温湿度的不同在地域上有着较为明显的差异性分布。相关研究表明，其分布范围大概集中在 11.3%～16.5%。而本次出土木材远低于此含水量数值也可以在一定程度上对木材的劣变糟朽做出解释。

对考古出土的木材而言，由于大多数被长期埋藏在含水土层中，因此在水源充足的地区，木材出土时多处于饱水状态。此次检测的大葆台西汉墓出土木材的含水率测定值在 6.8%～8.0%，但由于在远低于埋藏环境湿度的空气中保存了较长时间，自由水及部分结合水均已流失，无法推测当初出土时木材的原始状况，只能视作对目前保存情况的简单参考。

与含水率相似，气干密度同样是评估木材保存状况的重要指标之一。在保存过程中，木材内部结构可能由于诸多原因遭到不同程度的破坏，如在长期地下水浸泡以及菌类纤维素分解酶的作用之下，无定形区的纤维素逐步降解，总含量降低，原本氢键作用下形成的稳定结构被破坏，即使能够在新的组合状态下重新形成氢键稳定结构，原有的微观结构也已经改变。以上作用最终会导致木材的多孔化，部分细胞膜会出现分离现象，造成木材的机械强度降低。而干密度的测定值则可以对此类病害做出一定程度的评估。

（2）在纤维素、半纤维素和木质素三种主要物质中，木质素的结构最为特殊。木质素单体结构含有苯环，环上对位分别被三碳链和羟基取代，而其他碳位取代基团和位点的不同决定了最终形成的木质素种类。由于苯环的存在，木质素的结构相对比较稳定，在埋藏环境下被微生物分解的可能性很小。天然植物中的木质素甚至还能起到抗炎杀菌、抵抗外界环境侵袭的作用，之前的相关研究也验证了这一点。因此，在对红外光谱图进行解析的时候，可以认为，新鲜材与所取样品的对比中，木质素降解量很少，其相对含量基本保持不变，意味着四个苯环骨架伸缩振动的特征峰（1450～1600 cm^{-1}）强度几乎保持不变，可以视为参比基准，与此相较，判断其他特征峰强度的变化，确定不同特征峰所对应的不同物质的含量变化，以得出结论，如表3.3所示。

表3.3　实验样品木材化学组成的红外光谱特征频率及其官能团归属

波数/cm^{-1}	官能团归属
3300～3400	羟基（—OH）伸缩振动
2850～2900	甲基（—CH$_3$）和亚甲基（—CH$_2$—）伸缩振动
1728～1742	碳氧双键（木聚糖乙酰基 CH$_3$=O，半纤维素）伸缩振动
1637	碳氧双键（共轭羰基，木质素）伸缩振动
1450～1600	苯环骨架伸缩振动（木质素）
1372	碳氢键（—C—H，纤维素和半纤维素）对称弯曲振动
1270	愈创木基酚醚键（C—O—C，木质素）伸缩振动
1157	醚键（C—O—C，纤维素）伸缩振动
1137	愈创木基碳氢键（—C—H，木质素）弯曲振动
1060	脂肪醚碳氧键（—C—O，纤维素）伸缩振动
1038	愈创木基碳氢键（—C—H，木质素）弯曲振动
897	碳氢键（—C—H，纤维素）弯曲振动

根据上述分析标准，对应图中相应峰强度变化进行简略分析，可以发现以下几点：

1730cm^{-1}附近属于乙酰基的C＝O伸缩振动峰是半纤维素区分度最强的特征峰。观察图谱可以发现，该峰在新鲜材和出土样品中强度相差很大，证明出土样品中半纤维素的损失量极大，在埋藏的潮湿条件下，弱酸性环境和微生物的双重作用下被水解及降解为寡糖溶解。而在图3.1（g）中该峰仍有一定强度，怀疑为微生物代谢产物等污染。

在11569B侧柏新鲜材的谱图中可以观察到1637cm^{-1}处吸收峰相较于1600cm^{-1}附近吸收峰略强，前者对应于木质素结构单元侧链上共轭羰基C＝O的伸缩振动，而后者则属于木质素中苯环碳骨架伸缩振动峰。而这两个峰的相对强度大小在图3.1（f）、（g）两个样品的谱图中均刚好颠倒，说明在木材的埋藏过程中，木质素共轭羰基的含量逐渐减少。

在侧柏新鲜材及题凑木（优）样品的谱图（图3.1（f））中，1157cm^{-1}处有强峰，但该峰在S3-劣的谱图（图3.1（g））中却无法观测到。结合表3.3分析可见，前者属于纤维素的特征峰而后者则归属于木质素。由此可以断定，木材样品中的纤维素与木质素的比值显著下降。硬木松谱图对比同样可以得此结论。同样是在侧柏新鲜材和S3-优样品的谱图中，1060cm^{-1}左右出现强峰，1038cm^{-1}处峰几乎淹没。而在S3-劣样品的谱图中，则能清晰地看到1038cm^{-1}附近强峰。结合表3.3可知，相较于木质素而言，纤维素大量损耗。该结论同样适用于硬木松分析。

897cm^{-1}附近为α-纤维素特征峰，对比两组谱图（图3.1（a）～（c）和图3.1（e）～（g）），无论是侧柏还是硬木松的新鲜材与出土木材对比，都能观察到新鲜材的强度明显高于出土材，后者该峰几乎被淹没在910cm^{-1}附近苯环的特征振动峰中，很难观察到。说明在埋藏过程中纤维素含量相对于苯环有显著降低，但至出土时，仍有存留。

另外此处需要指出，所谓的"题凑木（劣）"样品来自于题凑用侧柏木距表层0.1～0.3mm厚度之内，在这个厚度之下的部分则均保存得比较好。

综合上述结论可知：①在埋藏过程中，地板木所用硬木松以及题凑木所用侧柏的浅表层木材中的纤维素含量有明显降低，半纤维素基本损失殆尽，而木质素的相对含量则变化较小。由于作为细胞壁主要成分的纤维素和半纤维素含量的大幅度降低，导致细胞壁强度及韧性减弱，木材开裂变形。②在埋藏过程中，木材中的纤维素含量明显降低，半纤维素基本损失殆尽，而木质素的含量则变化较弱。由于作为细胞壁主要成分的纤维素和半纤维素含量的大幅度降低，导致细胞壁强度及韧性减弱，木材开裂变形。

（3）从表面特殊腐蚀的红外光谱图中可以看出，作为半纤维素区分度最强的特征峰，$1730cm^{-1}$处的峰在表层中含量明显低于内部；另外，在内部样品中，$1057cm^{-1}$处有强峰，强于$1037cm^{-1}$处的峰，但是在表层样品中，该特征峰完全被$1036cm^{-1}$的峰淹没。结合表3.3可知，相较于木质素而言，纤维素大量损耗。作为α-纤维素的特征峰，内部样品能在$898cm^{-1}$处明显观测到，但是表层样品则几乎无从分辨，说明α-纤维素已基本损耗殆尽。

因此，我们可以初步得出结论，相较于木材内部，表层的纤维素和半纤维素大量损耗，结合宏观图像判断，该木材的腐朽属于褐腐现象，如需要进一步验证是否由于褐腐菌的侵害导致的朽蚀，可以进一步取样做子实体培养鉴定。

（4）分析微生物的显微照片可以发现：样品木材中含有一种微生物，可以从番红染色的结果确定为附生于木纤维间的原核生物。

第一，从形态分类而言，该微生物属于典型的链球菌。

第二，该菌细胞壁较薄，细胞内容物含水量较高。

第三，该链球菌共体现出了两种存在形式：一种为正常链球状菌体；另一种为右侧所圈出的有隔菌丝。根据图3.5所示，推测该菌属于异养需氧型，在埋藏之后氧气基本消失殆尽，由于生存环境的恶劣停止了营养生长转为生殖生长，产生菌丝。左侧所圈出的部分可能即为产生菌丝的过渡态。

若需要对该菌具体门属进行确认，还需要进一步运用细菌染色方法，若能结合细胞生物学核糖体 RNA 的测定分析则会更为严谨。

根据上述分析结果，我们可以初步得出如下结论：

第一，大葆台汉墓出土黄肠题凑等木构件的树种不同，保存状况不一，腐朽程度不均。观察发现，堆放保存的木材中，朝内一端的保存现状要普遍好于暴露于外的一端。

第二，木材基本均有开裂现象，含水率低于平衡含水率，具体数值范围与开裂纹路符合相关研究文献得出的理论推测。

第三，对木材中所含主要化学物质的红外检测结果表明，木材中半纤维素和纤维素的含量明显降低，木质素含量改变较少，说明半纤维素和纤维素被大量水解或降解成短链分子溶解，木质素所受影响不大。这一结果既能解释出土木材韧性和机械强度降低的主要原因，也与之前研究结果相吻合。

第四，库房中保存的木材样品上发现两种微生物，初步断定为异养需氧型细菌，但由于缺乏具体信息，无法准确判断微生物的种类、相互间的共生关系，以及对木材的作用效果。

第七节　大葆台汉墓题凑木树种的新发现

大葆台一号墓发现的"题凑方木""多系柏木之心"，应为《汉书》卷六十八《霍光传》所说的"梓宫、便房、黄肠题凑各一具，枞木外藏椁十五具"中的"黄肠题凑"。唐人颜师古注引魏人苏林曰："以柏木黄心致累棺外，故曰黄肠；木头皆向内，故曰题凑。"大葆台一号墓发现的"黄肠题凑"实例与文献记载一致。所谓"黄肠题凑"就是用规格相同的木枋沿与墓壁垂直的方向层层垒置于棺外，形成一圈木墙一样的结构，所有木枋的一方端头都朝向墓室中心。《汉书》中记载的"梓宫、便房、黄肠题凑、枞木外藏椁"葬具只有皇帝、诸侯王和皇帝特赐的大臣可以使用。

"题凑方木"规格多为长 90cm，截面 10cm 见方，这些方木的用料，发掘出土后经江西省木材工业研究所据"题凑方木"的"显微特征鉴定为柏木（*Cupressus funebris* Endl.）"[1]，而根据本次鉴定结果显示，大葆台一号墓的题凑木是侧柏（*Platycladus orientalis* (Linn.) Franco）。

为补充完善对题凑木材种鉴定的初步结果，又重新从黄肠题凑取样，进行显微分析，分析发现，所取样品均符合侧柏的微观结构特征，早材至晚材渐变（图3.6、图3.7），径壁具缘纹孔为一列（图3.6～图3.8、图3.10），晚材最后数列管胞弦壁具缘纹孔数多、明显（图3.7）；端壁节状加厚缺乏（图3.6～图3.10），射线细胞与早材管胞间交叉场纹孔式为柏木型，1～4（通

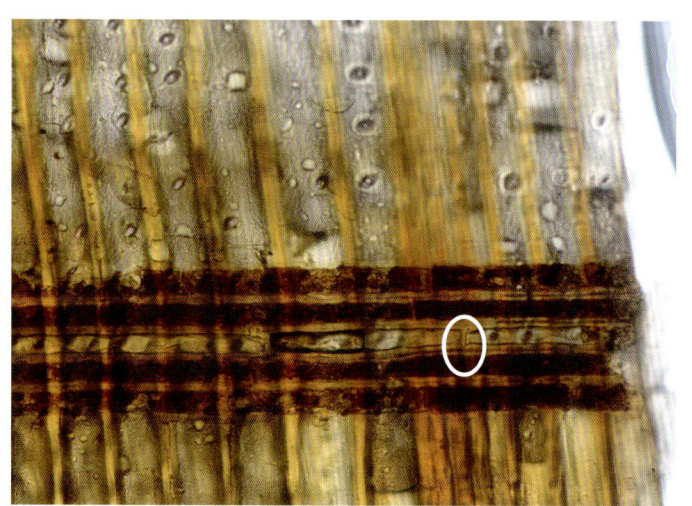

图3.6 题凑木样品显微照片

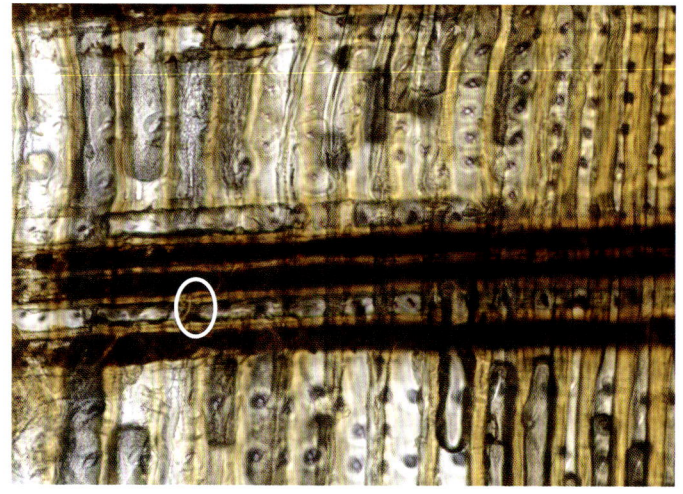

图3.7 题凑木样品显微照片

---

[1] 大葆台汉墓发掘组、中国社会科学院考古研究所. 北京大葆台汉墓. 北京：文物出版社.1989：111.

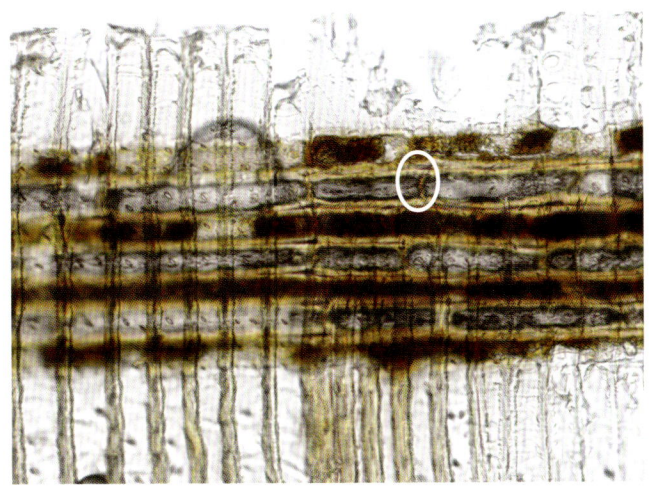

图 3.8 题凑木样品显微照片

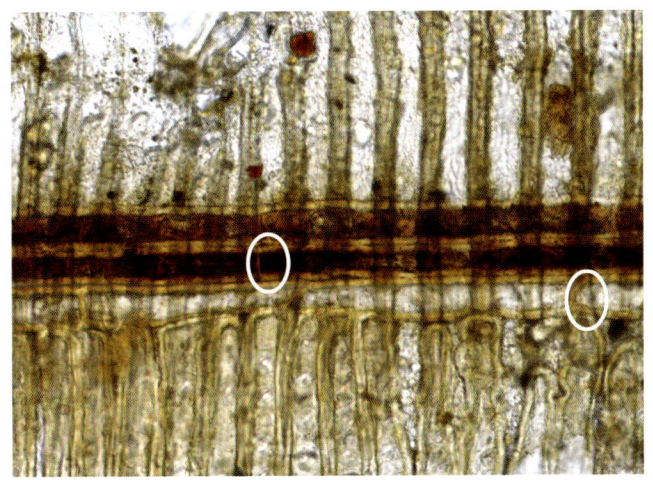

图 3.9 题凑木样品显微照片

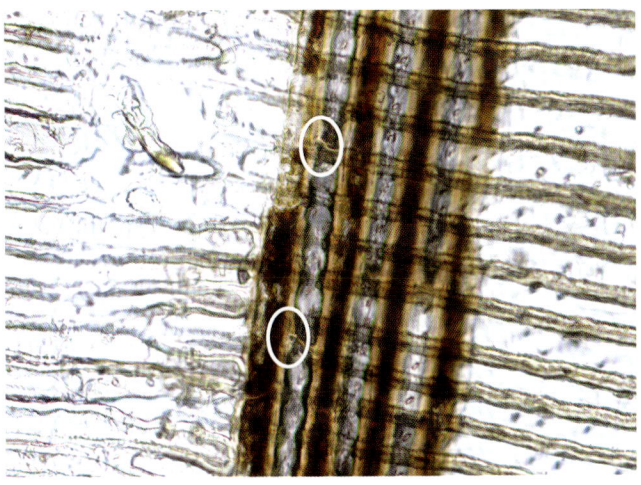

图 3.10 题凑木样品显微照片

常2~3）个（图3.8）。树脂道缺乏。

上述分析进一步支持了本次材种鉴定的结果，即取样黄肠木所用木材应属侧柏，而非柏木。

柏木和侧柏虽然同属裸子植物柏科，但却属不同亚科，具体到属、种则相差更远，绝不可混为一谈，因此有必要在此作出澄清，见表3.4。

表 3.4 柏木和侧柏相关生物学概念描述比较[1]

种属	柏木	侧柏
	柏木亚科柏木属柏木	侧柏亚科侧柏属侧柏（单种属）
树木及分布	乔木，高达35m，胸径可至2m；生于海拔2000m以下山地；安徽、浙江、江西、湖北、湖南、广东北部、广西、贵州、云南、四川、甘肃及山西野生和栽培，福建及河北引种栽培	乔木，高达20m，胸径可至1m；生于海拔300~3300m的石灰岩山地或栽于丘陵及平原；吉林、辽宁、内蒙古、河北、山东、河南、山西、陕西、甘肃、湖北、四川、云南及西藏野生和栽培，江苏、安徽、浙江、江西及湖南引种栽培
宏观结构特征	边材黄白、浅黄褐色或黄褐色微红，与心材区别明显或略明显；心材草黄褐色或微带红色，久露空气中材色转深	边材黄白至浅黄褐色，与心材区别十分明显，狭窄；心材草黄褐色至暗黄褐色，久露空气中材色转深

根据树木的分布图来看，只有侧柏在北京及其周边地区有大量分布，而柏木则几乎没有；此外，结合文献对"黄肠题凑"的解释可知，"黄肠"之"黄"实指材心之色，而侧柏心材为"草黄褐色至暗黄褐色"（不同于柏木的"草黄褐色或微带红色"），与之相符。上述分析进一步支持了本次材种鉴定的结果，即黄肠木所有木材应为侧柏，而非柏木。

大葆台汉墓发掘报告记录"一号墓墓葬形制"的"题凑"一类中有两段文字说明了旧料改制黄肠木的情况："在题凑中也发现原为它用的材料。改做黄肠木用，如西面题凑中，有一块黄肠木，一侧已凿了一个长方槽，后又用一块与槽同大的木板补上。""在有些黄肠木的一端或两端的平面上，凿有极规整的长方形卯眼，眼孔之平整，足以证明汉代钻孔技术已达到较高水平。眼长4cm、宽1.5~2cm、深4~5cm，均未凿穿。有的长方形眼外侧一端被打透。关于这些长方形眼的用途，我们原以为是固定黄

---

[1] 此表根据《中国裸子植物木材志》（姜笑梅等编著，科学出版社，2010.1）一书中相关内容总结。

肠木用的，后来对题凑进行一段解剖，发现不少黄肠木的长方眼已被木塞填实。因此，我们认为，黄肠木上这些长方眼，无实用价值，是旧料改材所致。"

从中可以看出柏木在汉代人们日常生活中的使用情况，也似乎可以作为大葆台汉墓所用柏木取材于本地区的一个佐证。如果是专门从他地输入柏木用来加工诸侯王墓葬所用之"题凑木"，人们使用"原为它用的材料"和"旧料改制"可能性似乎不大。因此我们推测大葆台汉墓"黄肠木"所用的柏木来源是当地产的柏木加工制成，而非由他地所产的柏木加工而成。

大葆台一号墓用柏木加工的"黄肠木""绝大多数制作平整，表面打磨光滑，呈棕褐色，木质很好"。大葆台汉墓所用木材量巨大，仅一号汉墓的"黄肠题凑"就用了 14 000 根左右的柏木枋，体积约 126m^3。按照一般的柏树高度 15～20m，最高可达 30m，胸径 2m 来估算，如果一棵柏树可以制成 40 根规格为 90cm×10cm×10cm 的木枋，还要用三百多棵柏树。

2001 年，在北京地区又发现了另一座大型汉代木椁墓——老山汉墓。从考古发掘和研究来看，老山汉墓墓主人是西汉一代燕王或广阳王的王后，规模和大葆台二号汉墓相近，比一号墓略小，同样是耗用了大量的木材构建而成。这样人们就不禁会问：修建这样规模的一座汉墓就要砍伐很多的树木，而西汉一代的燕王和广阳王有十几个，仅墓葬耗用木材数量就很巨大，如果再加上人们建筑、取暖、冶炼、烧炭等生产、生活用木，这样大面积的砍伐林木必然造成植被的大面积破坏，会不会由此导致北京的生态环境恶化呢？联想到今天北京的沙尘暴等恶劣天气，人们不禁怀疑北京的生态环境的严重破坏始于西汉。

而从目前对我国不同历史阶段沙尘暴记录进行比较的结果来看，两汉 400 年间，沙尘暴发生的密度较小。根据目前研究，北京地区第一次可靠的沙尘暴记录在北魏太平真君二年（公元 440 年），"春二月，上谷郡""黑风起，坏屋宅，杀人"。

分析汉代北京沙尘暴等较少的原因有多种因素。王子今曾指出："汉代沙尘暴发生较少，自然有地方气象记录尚不完备的因素，也就是说，可能存在沙尘暴虽然发生然而却未曾在史书上留下记载的情形。但是在神秘主义观念弥漫社会上下的文化背景下，严重的灾异是受到特别重视的，执政集团因此承受沉重的压力，甚至往往因此引起政治争斗，因而这种异象在记载中遗漏的可能性非常小。"[1]而最重要的原因可能还是当时北京生态条件与今不同，植被状况比较好。由于汉代北京地属幽州，其人口的数量和农耕的规模较后代小，对自然环境的影响较之后代都小得多。

此外，不容忽视的是，战国至汉代人的自然观和生态观对生态保护产生了重要的作用。例如，成书于西汉的《礼记·月令》和成书于秦始皇八年的《吕氏春秋》中都有关于限制砍伐山林的规定，《吕氏春秋》卷二十六中对自然资源的保护规定得更为具体，称为"四时之禁"："山不敢伐材下木，泽人不敢灰僇，缳网罝罦不敢出乎门，罛罟不敢入乎渊，泽非舟虞不敢缘，名为害其时也。"通俗地说就是在规定的季节中，禁止随便进山砍树，禁止割水草烧灰，禁止打鸟猎兽，禁止捕捞鱼鳖。说明汉代人们依然保留着这些适应生态环境的礼俗。

---

[1] 王子今. 秦汉时期生态环境研究. 北京：北京大学出版社. 2007：294.

第四章 病害分析

第一节 保存现状

一、出土情况

大葆台一号墓棺椁共分五重，为二椁三棺，位于后室棺床正中处。五重棺椁都做得比较精工规整。连同棺床共用木板130块，约合成材31m³，最大的一块外椁壁板长450cm，宽60cm，厚22cm，重约500kg以上，棺椁结构严密，110块木板全用榫卯和扣接方法拼合。

重椁均外髹黑漆，内涂红漆，椁门口亦涂朱漆。三重棺中，外棺和中棺均外髹黑漆内涂红漆，内棺则是里、外均髹黑漆。做法是：先在木板上抹一层油泥，然后施以麻布，再于其上施大漆[1]。

二、保存现状

大葆台一号墓棺椁出土后大多未用于墓室展示复原，1982年建馆后被安置到馆内的临时库房，临时库房几次搬迁，加之空间狭小，和地板、立木等混置叠压码放，经过40年自然变化，致使文物表面布满灰尘，出现污损，木胎部分糟朽严重，两端多严重开裂，边缘糟朽劣化，漆膜脱落、起翘，失去韧性（图4.1～图4.3）。

---

[1] 大葆台汉墓发掘组，中国社会科学院考古研究所. 北京大葆台汉墓. 北京：文物出版社. 1989：20-29.

图 4.1　G-W-1 污损和糟朽情况

图 4.2　G0013 污损糟朽和漆膜起翘情况

图 4.3　G-W-4 红色漆面污损状况

第二节　漆棺漆椁病害描述

依据《中华人民共和国文物保护行业标准——馆藏出土竹木漆器类文物病害分类与图示》(WW/T 0003—2007)和《中华人民共和国文物保护行业标准——馆藏竹木漆器类文物保护修复档案记录规范》(WW/T 0011—2008)。通过现场的调查分析，本次修复的文物的病害可以分为胎体病害和漆膜病害两种。

一、胎体病害

（1）糟朽是指在长期的保存过程中，构成文物木质部分的纤维素、半纤维素等大分子物质的化学结构发生严重降解，导致文物木胎的生物结构疏松，力学强度大幅度降低。以椁板 G-W-1 为例，表示胎体糟朽情况（图 4.4）。

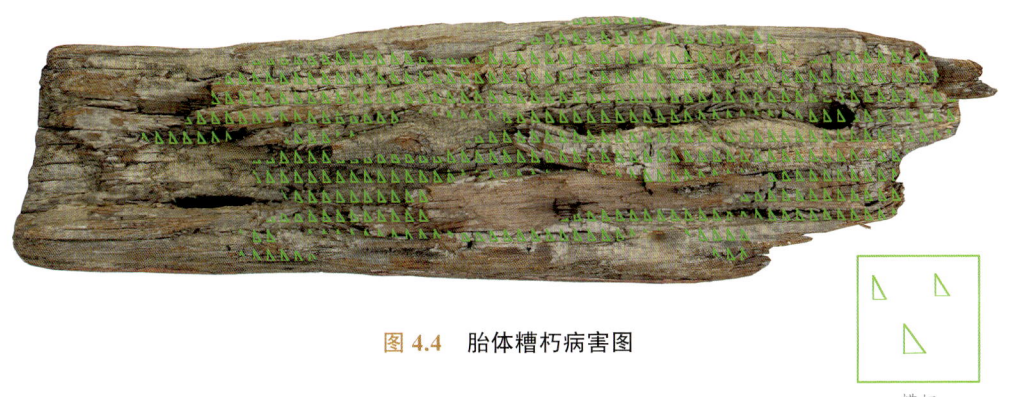

图 4.4　胎体糟朽病害图

糟朽

（2）裂隙是胎体开裂所产生的。胎体裂隙是大葆台西汉墓出土的漆棺漆椁的常见病害，裂隙沿木材的纵向分布。以椁板 G0005 为例，表示胎体开裂的情况（图 4.5）。

（3）断裂是指胎体由于种种原因，从一个整体断裂为两个甚至多个部分。以 G-W-3 为例，椁板的上部有一带漆的小块与主体分离（图 4.6）。

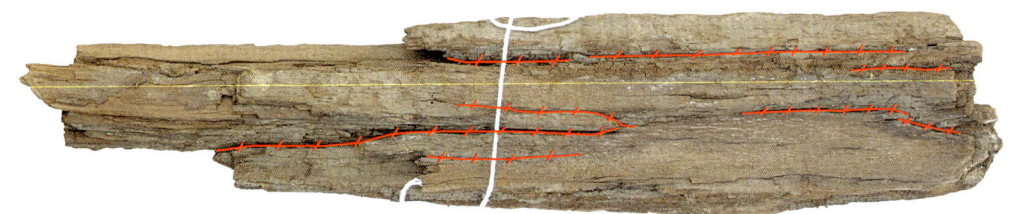

图 4.5 胎体裂隙病害图

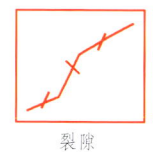

裂隙

图 4.6 胎体断裂病害图

断裂

（4）微生物损害是指文物在埋藏环境中受到微生物的影响所造成的病害，主要为细菌的侵蚀作用。以 G0027 为例（图 4.7），图 4.8 为局部放大图。

图 4.7 微生物病害图

微生物

图 4.8　微生物局部病害图

（5）残缺是指胎体的原器型出现缺失。本次修复的大部分漆棺漆椁的木胎均有缺失，以 G0023 为例，表示木胎残缺的病害（图 4.9）。

图 4.9　残缺部分病害图

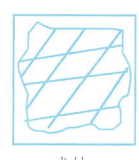

残缺

（6）变形是指胎体发生的形体改变。如图 4.10 所示，以 G-W-1 为例，表示胎体的变形病害之处。

图 4.10　胎体变形病害

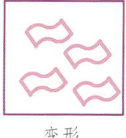

变形

二、漆膜病害

（1）漆膜裂隙是指漆膜开裂所造成的裂隙。如图 4.11 所示，以 G-W-4 为例，表示漆膜裂隙的病害。

图 4.11　G-W-4 所示漆膜裂隙病害

（2）漆膜脱落是指漆膜完全脱离其依附的基体而与文物完全分离。如图 4.12 和图 4.13 所示，以 G0003 为例，表示漆膜脱落病害。

图 4.12　漆膜脱落病害图

图 4.13　漆膜脱落局部图示

（3）漆膜残缺是指漆膜出现缺失，无法保证其完整性。如图4.14所示，以G0016为例，表示漆膜残缺病害情况。

图4.14　漆膜残缺病害图

（4）漆膜变形是指漆膜部分受压导致形变，如图4.15、图4.16所示，以G-W-4为例，表示红色漆膜部分变形病害。

图4.15　漆膜变形病害图

图4.16　漆膜变形局部病害图

（5）漆膜变色，如图4.17所示，以G-W-2为例，表示红色漆膜部分变色病害。

图 4.17　漆膜变色病害图

（6）漆膜卷曲是指漆膜部分脱离胎体，呈卷起状，如图4.18、图4.19所示，以G0003为例，表示漆膜卷曲病害。

图 4.18　漆膜卷曲病害图

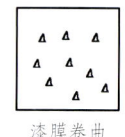

图 4.19　漆膜卷曲局部病害图

综上所述，本次文物保护修复工作分为两期：第一期文物胎体病害调查结果详见表 4.1，漆膜病害调查结果详见表 4.2；第二期文物胎体病害调查结果详见表 4.3，漆膜病害调查结果详见表 4.4。由表 4.1、表 4.3 可见，绝大部分的文物胎体发生糟朽，且有大量裂隙，文物胎体或多或少有残缺，并发生少量的变形、变色，极个别文物受到微生物、可溶盐的影响。由表 4.2、表 4.4 可见，文物漆膜病害表现非常严重，所有漆膜均有残缺，大部分文物漆膜有开裂、起翘、卷曲、脱落、变形等病害，小部分文物漆膜有变色、起泡等病害。其中，立木 -1 与立木 -5 为木质文物，表面无漆膜。

表 4.1　一期文物胎体病害

	变形	糟朽	断裂	人为锯痕	盐类	裂隙	残缺	微生物	变色
G-W-1	■	■				■	■		
G-W-2		■				■			■
G-W-3		■	■			■	■	■	
G-W-4	■	■				■			
G-W-5	■	■					■		
G-W-6		■				■	■		
G-W-7		■			■		■	■	
G0003		■		■		■			
G0005	■	■			■	■	■		■
G0006		■				■			
G0007		■					■		■
G0009		■				■			
G0010	■	■	■		■	■	■		■
G0011		■				■			
G0012		■					■		
G0013	■	■							
G0014		■				■			■
G0015		■				■	■		■
G0016		■				■	■	■	
G0018	■	■			■	■	■		
G0020	■	■		■		■	■		
G0023	■	■				■	■		■
G0027						■	■		
G0029						■	■		
G0034		■				■	■		
G0046		■				■	■		

表 4.2　一期漆膜病害

	漆膜开裂	漆膜脱落	漆膜残缺	漆膜变色	漆膜起泡	漆膜卷曲	漆膜起翘	漆膜变形
G-W-1			■			■	■	
G-W-2			■			■	■	
G-W-3			■				■	■
G-W-4	■		■			■	■	■
G-W-5		■	■	■		■	■	■
G-W-6			■			■	■	■
G-W-7			■			■	■	
G0003	■		■			■	■	■
G0005	■	■	■			■	■	■
G0006	■	■	■			■	■	■
G0007	■		■			■	■	■
G0009		■	■			■	■	■
G0010	■		■		■	■	■	■
G0011	■	■	■			■	■	■
G0012	■		■				■	
G0013	■	■	■		■	■	■	■
G0014	■	■	■			■	■	■
G0015			■		■	■	■	
G0016	■	■	■				■	
G0018	■	■	■			■	■	■
G0020	■	■	■					
G0023	■	■	■			■	■	■
G0027	■	■	■			■	■	■
G0029	■	■	■			■	■	■
G0034	■	■	■				■	
G0046		■	■			■	■	■

表 4.3　二期文物胎体病害

	变形	糟朽	断裂	人为损害	盐类	裂隙	残缺	微生物	变色	水渍
G0001		■				■	■			
G0002		■				■			■	
G0004		■				■	■			
G0021		■			■	■	■			
G0022							■			
G0024	■	■				■	■			

续表

	变形	糟朽	断裂	人为损害	盐类	裂隙	残缺	微生物	变色	水渍
G0025	■	■					■	■		
G0026		■				■			■	■
G0028		■				■	■			
G0030	■	■			■	■				
G0031		■				■			■	
G0032	■	■				■				
G0033		■				■				
G0035		■				■				
G0036		■			■	■			■	
G0037		■				■				
G0038		■				■	■			
G0040	■	■				■				
G0042		■			■	■				
G0043		■		■		■	■		■	
G0044		■			■	■				
G0045		■				■	■			
G0048		■				■	■			
G0049		■			■	■				
G0050	■	■	■			■				
H0153		■			■	■	■			
H0178		■				■				
H0219		■				■			■	
H0281	■					■	■		■	■
L0001		■				■				
L0002		■				■				
L0003		■								
L0004		■				■	■			
L0005		■				■				
L0006		■			■					
L0007		■				■				
L0008		■				■				
L0009	■	■				■	■			
L0010		■				■	■			
L0011		■				■				
L0012		■				■				
L0013	■	■								
L0014	■					■				

续表

	变形	糟朽	断裂	人为损害	盐类	裂隙	残缺	微生物	变色	水渍
L0015		■				■				
L0016	■					■			■	
L0017	■	■				■	■			
L0018		■				■				
L0019	■	■				■				
L0020		■				■				
L0021		■				■				
L0022	■	■				■				
L0023		■				■				■
L0024	■	■				■	■			
L0025	■	■				■	■			
L0026	■	■				■				
L0027		■				■	■			
L0028	■		■		■	■	■			
L0029		■				■			■	
L0030		■			■	■			■	
L0031		■				■			■	
L0032	■	■								
L0033		■			■	■				
L0034	■	■				■	■			
L0035		■								
L0036	■	■				■				
L0037		■				■	■			
L0038	■	■								
L0039		■			■	■			■	
L0040		■				■	■			
L0041	■					■				
L0042		■				■				
L0043	■	■				■	■			
L0044		■				■	■			
L0045		■				■	■			
L0046	■	■				■	■			
L0047	■	■				■				
L0048		■				■	■			
Z0011		■				■				
Z0066		■				■	■			
立木-1	■	■				■			■	
立木-5	■	■		■	■	■			■	

表 4.4　二期漆膜病害

	漆膜开裂	漆膜脱落	漆膜残缺	漆膜变色	漆膜起泡	漆膜卷曲	漆膜起翘	漆膜变形
G0001			■			■	■	
G0002	■		■			■	■	
G0004	■		■				■	■
G0021			■				■	
G0022	■	■	■	■		■	■	■
G0024	■		■					
G0025	■		■			■	■	
G0028	■		■			■	■	■
G0030	■		■	■		■	■	■
G0031	■	■	■			■	■	
G0032	■		■		■	■	■	■
G0033	■	■	■	■		■	■	■
G0035	■		■		■	■	■	
G0036	■	■	■	■		■	■	■
G0037	■		■				■	
G0038	■	■	■		■	■	■	■
G0040	■	■	■	■			■	
G0042	■		■		■	■	■	■
G0043	■	■					■	
G0044	■	■	■	■			■	
G0045	■		■			■	■	
G0048	■	■	■	■				■
G0027	■	■	■			■	■	
G0029	■	■	■			■	■	■
G0034	■	■	■				■	
G0046		■	■			■	■	■
G0048	■		■	■				■
G0049	■		■			■		
G0050			■	■		■	■	■
H0153	■		■			■	■	■
H0178			■					
H0219								
H0281			■					
L0001	■		■			■	■	■
L0002								

续表

	漆膜开裂	漆膜脱落	漆膜残缺	漆膜变色	漆膜起泡	漆膜卷曲	漆膜起翘	漆膜变形
L0003	■		■			■	■	■
L0004	■		■			■	■	■
L0005			■			■	■	■
L0006	■		■			■	■	■
L0007								
L0008	■		■			■	■	■
L0009	■		■			■	■	■
L0010			■			■		
L0011	■		■	■		■	■	■
L0012	■		■				■	■
L0013						■	■	■
L0014	■	■	■			■	■	■
L0015	■		■			■	■	■
L0016	■		■			■		■
L0017	■					■	■	■
L0018			■					
L0019	■							■
L0020	■					■	■	■
L0021	■							
L0022	■		■			■	■	■
L0023			■					
L0024			■			■	■	■
L0025	■		■			■	■	■
L0026								
L0027	■		■			■	■	■
L0028	■		■					
L0029								
L0030								
L0031			■			■	■	■
L0032	■		■			■	■	■
L0033	■		■	■		■	■	■
L0034	■		■			■	■	■
L0035	■					■		
L0036	■					■		
L0037	■					■		■

续表

	漆膜开裂	漆膜脱落	漆膜残缺	漆膜变色	漆膜起泡	漆膜卷曲	漆膜起翘	漆膜变形
L0038			■					
L0039			■			■	■	■
L0040	■		■			■	■	■
L0041	■		■					
L0042	■			■				
L0043	■			■				
L0044	■		■			■	■	■
L0045								
L0046	■			■				
L0047								
L0048								
Z0011								
Z0066	■					■	■	■
立木-1								
立木-5								

第五章　保护修复技术路线及其具体步骤

第一节　保护修复理念

保护文物的实质，是保持文物的历史价值、艺术价值和科学价值。只有保留文物本来面貌，才能保存其珍贵价值。依照《中华人民共和国文物保护法》，国际文物保护界对藏品保护修复的基本原则——"尽可能地保持原状"，严格遵守保护修复工作"修旧如旧、保持原貌"的总原则。所有的工作程序、处理方法，均必须保证不改变文物原貌，全面地保存、延续文物的真实信息和历史、艺术、科学价值，确保文物安全，以及增强文物的抗劣变能力，并以不影响今后再次保护修复为前提。

第二节　具体保护修复原则

在上述文物保护修复理念的指导下，针对漆棺漆椁保存现状和病害情况，拟定的保护修复原则如下。

（1）力求全面保存延续文物的真实信息和价值，极可能采取预防性保护措施，尽量减少对文物的干预，即最小干预原则；凡是保存情况较好，糟朽程度不严重的文物木胎部分，尽量不干预；糟朽程度严重的文物木胎部分，只对糟朽部分进行加固和封护。因此，应重点改善文物保存环境，以达到减缓文物劣变速度的目的。

（2）保护修复不能改变文物的原貌，即整个过程需遵循可识别性原则。对文物残缺部分、裂隙的补全，需要注意补全部分与文物本体有一定的区别度。

（3）保护修复的材料需要具备可再处理性，以备将来新的材料可以替换。所有试剂材料不能破坏文物的历史、科学、艺术信息。应选择无色、透明、无光泽的材料。

（4）保护修复的材料需要确保经过大量的实验，以及长期的时间验证对文物本体无害，对操作的工作人员无毒无害。

（5）因文物的个体差异性，所以设计的保护方案不同。任何文物在保护修复前都需要进行尽可能详尽的观察、分析、检测，确保对文物全面了解之后再动手。

根据以上原则，在全面观察分析的基础上，遵照"保护现状、恢复原状、消除隐患、延长寿命"的依据，保持文物的原始面貌、历史特征及科学价值，减少人为干预，尊重科学，运用现代科学技术分析检测方法来有效地保护文物。

第三节　保护修复技术路线

具体路线如下。

第四节　保护修复方法与实验研究

一、修复方法

对大葆台汉墓出土漆棺漆椁的保护方法有表面清理，木胎加固，黏接，漆膜回贴加固、补配、补缝、补色、封护等。涉及的修复方法有蒸汽软化回贴技术，作旧工艺中的画、喷、涂、点、抹等技法。

1. 表面清理

（1）淤泥及灰尘的清除：文物的表面布满灰尘和淤泥，淤泥层可以使用毛刷或软竹签剔除，操作时要避免竹签刮伤表面；之后再用软毛刷将文物表面的灰尘扫入容器内清除，此过程需要注意避免灰尘飞扬污染其他文物。在不损坏漆膜的前提下可以用毛笔或棉签蘸取蒸馏水轻擦文物表面，遇到漆膜比较脆弱的，可以在进行加固后再进行表面清理。

（2）微生物的清除：如器物上有霉菌滋生，可用软毛刷、毛笔或棉签蘸取添加消毒液的蒸馏水沿相同方向轻轻擦拭，不可大力或来回擦洗。对于微生物病害严重的部位，可选用灭菌剂涂刷在长有微生物的文物表面，待6～8小时后，用毛刷轻轻清除掉，注意在此过程中，灭菌剂不能与文物表面发生反应或留下痕迹。必要时需采用熏蒸法灭杀微生物，并请有相关资质的单位进行熏蒸。

2. 木胎加固

此次修复的棺板和椁板的木胎糟朽严重，木材强度降低，其中有一部分木胎表面有龟裂和分化的现象，需要对其进行化学加固。选用 RHOPLEX AC33 与 BA-154 复合试剂对木胎糟朽严重的部位进行渗透加固。

3. 黏接

对影响文物安全的断裂处进行黏接。先用强度较大的软皮纸将不需要黏接的部位保护好，以免在修复过程中造成不必要的损害。选用白乳胶对胎体残断处进行黏接。

4. 漆膜回贴加固

利用蒸汽软化技术先对脱落、起翘的漆膜进行软化，再使用固含量1%的 BA-154 丙烯酸乳液对其进行回贴。对于漆膜起泡的情况，要先对木胎进行加固。此方法1989年在大同漆棺的保护中曾用过，经过20多年的检验，证明是一种安全有效的方法。同时用聚醋酸乙烯酯乳液加固封护漆膜。

5. 补配与补缝

对于残缺部位，如有对比参照才可进行补配；无参照则不能主观臆断去补配。

对于破损较小的部位，采用白乳胶或聚氨酯调木粉进行修复；对于大面积残损处，可采用同时代的同种木材进行补配，黏接剂选择白乳胶。对于胎体裂隙较大处，用白乳胶调与原有木胎质地相同的木粉，进行灌浆填补。

6. 补色

对于部分有参照的脱落漆膜处做有根据的补色，使用相同颜料调至与器物本身相同的颜色涂于脱落处，稍加做色处理。

二、试验与研究

大葆台汉墓出土的棺板和椁板的保护修复中所运用的化学渗透加固法需要经过前期的试验与研究，选择最合适的化学材料与浓度。本次实验选择了四种化学试剂，即 Paraloid B72、聚乙烯缩丁醛、RHOPLEXAC33 和 BA-154。

1. 渗透性实验

1）实验目的

实验目的是测试不同浓度的四种加固材料在木材样品表层渗透的能力，以筛选可以进行下一步加固实验的试剂。

2）样品处理

将大葆台木材样品用手锯由表层向下切出一些小块，切割的深度应超过 5mm，并且每一个木块上都要保留木材的表层，面积的大小不需要相同。本实验中不需要考虑试剂从纵向、径向、弦向等不同方向渗入造成的区别，因为只要是从表层向下渗透都是近似于弦向的方向，相差不会很大。

3）实验药品与仪器

实验药品：Paraloid B72（以下简称 B72）、聚乙烯醇缩丁醛（以下简称 PVB）、63% RHOPLEX AC33 乳液（以下简称 AC33）、64.8%BA-154 乳液。仪器：水、乙醇、丙酮、玻璃棒、培养皿、烧杯、滴管、量筒、万分之一天平。

4）实验过程

配制 4% 的 B72/丙酮溶液、4% 的 AC33 乳液、4% 的 AC33 与 BA-154 混合乳液（配比为 AC33∶BA-154＝1∶1）、4% 的 PVB/乙醇溶液。

取 4 块切下来的木块，用滴管分别吸取配得的 4 种溶液或乳液，从木块保留有样品龟裂表层的那一面慢慢滴加，沿边缘滴加时速度要慢，要小心不要让液体直接从侧面流下，并注意观察液体被吸收的速度。此时在木块的侧面可以看到液体下渗形成的水线，慢慢滴加液体至水线不再下移，停止滴加。操作过程一定要慢和小心，不能使液体直接从木块侧面流下，否则得到的结果将是无效的。

通过观察 4 块木块的侧面上的水线位置及液滴滴在表面后的渗透速度来观察 4 种试剂的渗透情况。

如果观察到滴加 4% 浓度的 B72/丙酮溶液、AC33 乳液、PVB/乙醇溶液的木块上渗透情况很好，可以再选取浓度高于 4% 的同种试剂进行实验；而如果发现渗透情况不好，就选取浓度低于 4% 的同种试剂进行实验。

如果观察到 4% 的 AC33/BA-154 混合乳液（AC33∶BA-154＝1∶1）在木块上渗透效果好，则可以在同浓度的混合乳液中，提高 BA-154 乳液的比例进行实验；如果该混合乳液渗透效果不好，则可提高混合乳液中 AC33 乳液的比例进行实验。

用同种方法来观察其他试剂的渗透情况。

5）实验结果与讨论

4% 的 B72/丙酮溶液、4% 的 AC33 乳液、4% 的 AC33/BA-154 混合乳液（AC33∶BA-154＝1∶1）、4% 的 PVB/乙醇溶液的渗透结果见表 5.1（照片中是同一个培养皿，壁厚可为深度的参照，下同）。

表 5.1 4 种加固试剂从木材样品表面渗透的情况

试剂	渗透速度	水线位置	渗透性评价
4%B72/丙酮	较慢		好
4%AC33	较快		非常好
4%AC33∶BA-154（1∶1）	极慢，几乎不下渗		不可用
4%PVB/乙醇	溶液黏性太大，不下渗	—	不可用

从表 5.1 结果可以看出，4% 的 AC33 溶液渗透效果非常好，符合加固要求，可以试验更大的浓度；而 4% 的 1∶1 的 AC33∶BA-154 混合乳液和 4% 的 PVB 溶液渗透效果不好，需要试验更低的 BA-154 比例和 PVB 更低的浓度。同时 4% 的 B72 溶液渗透效果不算非常好，但也符合加固的要求，可以试验更高和更低的浓度。

所以配制 2% 和 6% 的 B72/丙酮溶液，8%、12% 和 16% 的 AC33 乳液，4% 的 AC33 与 BA-154 混合乳液（配比为 AC33∶BA-154＝2∶1，4∶1，6∶1）、2% 和 1% 的 PVB/乙醇溶液。

渗透结果见表 5.2。

表 5.2 不同浓度（或比例）的 4 种加固试剂从木材样品表面渗透的情况

试剂	渗透速度	水线位置	渗透性评价
2%B72/丙酮	较慢		好

续表

试剂	渗透速度	水线位置	渗透性评价
6%B72/丙酮	极慢，几乎不下渗		不可用
8%AC33	较快		好
12%AC33	较慢		好
16%AC33	较慢		一般
4%AC33∶BA-154（2∶1）	极慢，几乎不下渗		不可用

续表

试剂	渗透速度	水线位置	渗透性评价
4%AC33：BA-154（4∶1）	极慢，几乎不下渗		不可用
4%AC33：BA-154（6∶1）	极慢，几乎不下渗		不可用
2%PVB/乙醇	较慢		一般
1%PVB/乙醇	较快		好

从表 5.2 中可以发现 AC33 和 BA-154 的混合乳液渗透能力是无法达到要求的，AC33 和 BA-154 的比例达到 6∶1 时仍然渗透效果非常差。这可能是由于混合乳液较大的表面张力造成的，所以尝试用乙醇先润湿表面再进行渗透，实验结果见表 5.3。

表 5.3　先用乙醇润湿木材表面再滴加 AC33/BA-154 混合乳液的渗透情况

试剂	渗透速度	乙醇润湿后	滴加乳液后	渗透性评价
4%AC33∶BA-154（2∶1）	较慢			一般
4%AC33∶BA-154（4∶1）	较慢			好

从表 5.3 中可以看出渗透能力可以达到进行下一步实验的要求，但依然不好，与同样 4% 浓度的纯 AC33 乳液差距明显。这说明在 AC33 乳液中加入 BA-154 乳液会使乳液的渗透能力减弱。

根据上述实验结果，选择以下试剂用于进行下一步的加固实验：2%、4% 的 B72/丙酮溶液，4%、8%、12% 的 AC33 乳液，4% 的 AC33 与 BA-154

混合乳液（使用前先用乙醇润湿表面，配比为 AC33∶BA-154＝2∶1，4∶1），1％、2％ 的 PVB/乙醇溶液。

2. 表层强度测试

1）实验目的

实验目的是测试通过渗透性实验选出的几种试剂对于木材样品表层强度的改善情况，是否能使震动磕碰中掉落的木渣显著减少。

2）样品处理

将样品从表层向下用金刚石带锯切出 30 个长方体小木块，要求小木块的形状、大小近似，保留表层，切入深度大于 4mm。再从深度 4mm 处向内切出 3 个长方体小木块，棱长大致为 5～6mm。

3）实验药品与仪器

实验药品：渗透性实验中配制的 2％、4％ 的 B72/丙酮溶液，4％、8％、12％ 的 AC33 乳液，4％ 的 AC33 与 BA-154 混合乳液（配比为 AC33∶BA-154＝2∶1，4∶1），1％、2％ 的 PVB/乙醇溶液。仪器：滴管、培养皿、刻度尺、万分之一天平、直径 8mm 的玻璃珠、一次性纸杯。

4）实验过程

将用金刚石带锯切出的木块放置晾干至恒重。将带着表皮的 30 个木块分为 10 组，分组方法是尽量按照表面凹凸不平的程度（肉眼对比）将 30 个木块排序，从头尾取木块放于一组，这样使每组中木块的表面凹凸程度比较均匀。这样取完 20 块后将剩余 10 块随机分入 10 个组。30 个木块如图 5.1 所示。

分组完毕将这些木块顺序编号为"木块 1～30"，第一组为"木块 1～3"，第二组为"木块 4～6"，以此类推，然后记录它们的重量；另将木材样品深处切的木块编号为"木块 a～c"，也记录它们的重量。

然后用加固试剂对带着表皮的木块进行加固，每种试剂加固一组木块。操作时用滴管吸取液体，缓慢滴加在表皮的一面上直到木块再也无法吸收，稍微晾干再滴加一次，晾干至重量不再变化（放置 2 小时重量变化不超过 0.1mg），记录此时加固后木块的重量并逐个对木块拍照。

加固之后用刻度尺测量每个木块上表皮那一面的面积。然后取一个一

图 5.1 30 个木块

次性纸杯,将木块 1~30 和木块 a~c 都放入一次性纸杯中,再在纸杯中放入 30 个直径 8mm 的玻璃珠帮助摩擦。将另一个一次性纸杯与装有木块的纸杯口对口倒扣在一起,用胶带把接合的边缘粘好,这就形成了一个封闭的容器。将这两个黏在一起的纸杯左右、上下颠倒振动 300 下,之后除去胶带从纸杯中取出木块,记录一次各个木块的重量。再将木块放回,将两个纸杯口对口扣在一起并用胶带粘好,将其左右、上下颠倒振动 300 下,除去胶带从纸杯中取出木块,逐个记录木块重量,并逐个对木块拍照。

通过比较各组木块在振动前后重量的损失率来比较各组木块的表面强度。

5)实验结果与讨论

木块 1~30 及 a~c 放置晾干后不做任何处理的原始重量及木块 1~27 渗透加固后晾干的重量记录于表 5.4 中。

表 5.4 木块加固前后重量记录表

木块编号	加固试剂	加固前重量 /g	加固后重量 /g	增重 /g
1	4%B72	0.1663	0.1729	0.0066
2	4%B72	0.1344	0.1423	0.0079
3	4%B72	0.1147	0.1189	0.0042
4	2%B72	0.1655	0.1700	0.0045
5	2%B72	0.1278	0.1339	0.0061

续表

木块编号	加固试剂	加固前重量/g	加固后重量/g	增重/g
6	2%B72	0.1466	0.1508	0.0042
7	4%AC33	0.1547	0.1564	0.0017
8	4%AC33	0.1189	0.1201	0.0012
9	4%AC33	0.0934	0.0946	0.0012
10	8%AC33	0.1840	0.1851	0.0011
11	8%AC33	0.0782	0.0794	0.0012
12	8%AC33	0.1069	0.1081	0.0012
13	12%AC33	0.1115	0.1141	0.0026
14	12%AC33	0.1327	0.1340	0.0013
15	12%AC33	0.0983	0.1003	0.0020
16	4%AC33∶BA-154（2∶1）	0.1501	0.1527	0.0026
17	4%AC33∶BA-154（2∶1）	0.1353	0.1366	0.0013
18	4%AC33∶BA-154（2∶1）	0.1071	0.1087	0.0016
19	4%AC33∶BA-154（4∶1）	0.1325	0.1342	0.0017
20	4%AC33∶BA-154（4∶1）	0.1340	0.1356	0.0016
21	4%AC33∶BA-154（4∶1）	0.1261	0.1278	0.0017
22	2%PVB	0.1467	0.1496	0.0029
23	2%PVB	0.1603	0.1624	0.0021
24	2%PVB	0.1153	0.1180	0.0027
25	1%PVB	0.1101	0.1117	0.0016
26	1%PVB	0.1420	0.1437	0.0017
27	1%PVB	0.1358	0.1369	0.0011
28	不做加固	0.1192	—	—
29	不做加固	0.1500	—	—
30	不做加固	0.1181	—	—
a	—	0.1453	—	—
b	—	0.1376	—	—
c	—	0.1502	—	—

木块 1～30 及 a～c 放于纸杯中颠倒振动 300 次（第一次称重）和 600 次（第二次称重）后重量的变化记录于表 5.5 中。

表 5.5 加固后木块振动前后重量记录表

木块编号	加固后木块重量 /g	振动后第一次称重 /g	振动后第二次称重 /g	第一、二次称重之间损失重量 /mg	总损失重量 /mg
1	0.1729	0.1723	0.1721	0.2	0.8
2	0.1423	0.1417	0.1416	0.1	0.7
3	0.1189	0.1183	0.1183	0.0	0.6
4	0.1700	0.1691	0.1688	0.3	1.2
5	0.1339	0.1330	0.1329	0.1	1.0
6	0.1508	0.1499	0.1495	0.4	1.3
7	0.1564	0.1549	0.1543	0.6	2.1
8	0.1201	0.1192	0.1189	0.3	1.2
9	0.0946	0.0934	0.0929	0.5	1.7
10	0.1851	0.1844	0.1843	0.1	0.8
11	0.0794	0.0787	0.0784	0.3	1.0
12	0.1081	0.1075	0.1074	0.1	0.7
13	0.1141	0.1138	0.1137	0.1	0.4
14	0.1340	0.1135	0.1134	0.1	0.6
15	0.1003	0.999	0.0997	0.2	0.6
16	0.1527	0.1522	0.1518	0.3	0.9
17	0.1366	0.1358	0.1352	0.6	1.4
18	0.1087	0.1080	0.1076	0.4	1.1
19	0.1342	0.1333	0.1129	0.4	1.3
20	0.1356	0.1344	0.1344	0.0	1.2
21	0.1278	0.1266	0.1260	0.6	1.8
22	0.1496	0.1483	0.1478	0.5	1.8
23	0.1624	0.1615	0.1613	0.2	1.1
24	0.1180	0.1167	0.1162	0.5	1.8
25	0.1117	0.1103	0.1099	0.4	1.8
26	0.1437	0.1426	0.1426	0.0	1.1

续表

木块编号	加固后木块重量/g	振动后第一次称重/g	振动后第二次称重/g	第一、二次称重之间损失重量/mg	总损失重量/mg
27	0.1369	0.1359	0.1355	0.4	1.4
28	0.1192	0.1121	0.1108	1.3	8.4
29	0.1500	0.1464	0.1458	0.6	4.2
30	0.1181	0.1137	0.1134	0	4.7
a	0.1453	0.1453	0.1453	0	0
b	0.1376	0.1375	0.1375	0	0.1
c	0.1502	0.1502	0.1502	0	0

从表 5.5 中可以分析得到一些信息。

首先，通过 a、b、c 三个木块振动后的损失重量可以看出，木材样品深度超过 4mm 的内部由于材质保存较好，振动之后的损失相当少。这三个木块都是取自 4mm 深度处，振动碰撞后总损失不超过 0.1mg。这个实验事实说明，实验木块 1~30 之间高度（即从表皮向下切的深度）的差别基本不会影响重量损失的结果，因为所有木块高度都超过 4mm，而超出部分对于损失重量的贡献十分有限。

另外根据表 5.5 中数据，笔者认为左右、上下颠倒振动共 600 下已经足够。因为观察表中数据可知，在第二次的 300 下振动中木块的损失重量均不超过总损失重量的 1/3，大部分不超过 1/4。这说明虽然第一次振动和第二次振动的强度相差不多（虽然并不十分精确，但是由于手摇幅度基本不变，次数又相同，所以可以认为相差不多），但是第二次的重量损失却小了一半以上，大部分少了 2/3 以上。由此可以推知再振动下去可能效果也不会明显，木块上最容易磨损的部分的脱落情况通过两次振动已经可以较好地体现出来。

按照之前所说的，木块高度对损失重量贡献不大，因此在计算损失率时便不应该用损失重量除以总重量，因为木块重量是与其高度相关的。计算损失率时应该考虑的是会对其造成影响的因素，而除了表面强度（这正是本实验想要对比的）之外，另外会影响损失重量的是表皮的面积和凹凸褶皱的程度。由于每一个木块表面凹凸程度都是不同的，为了尽可能地解决这个问题，实验中每种加固试剂都用在三个小木块上以降低误差，同时用前述肉眼观察、排序的方法尽量将凹凸褶皱程度不同的木块均匀地分到每一组当中。表皮面积则用刻度尺进行测量。

计算出木块 1~30 的重量损失率如表 5.6 所示。

表 5.6　木块振动后单位表皮面积损失重量表

木块编号	表皮长/mm	表皮宽/mm	表皮面积/mm²	损失重量/mg	损失率/(mg/mm²)	每组总损失率（总损失重量/总表皮面积）
1	7.0	5.9	41.3	0.8	0.019	
2	8.7	6.5	56.6	0.7	0.012	0.016
3	6.1	5.3	32.3	0.6	0.019	
4	7.0	6.5	45.5	1.2	0.026	
5	7.9	7.0	55.3	1.0	0.018	0.024
6	9.0	4.9	44.1	1.3	0.029	
7	7.7	7.5	57.8	2.1	0.036	
8	5.8	5.3	30.7	1.2	0.039	0.037
9	6.9	6.6	45.5	1.7	0.037	
10	6.5	6.0	39.0	0.8	0.020	
11	6.9	5.0	34.5	1.0	0.029	0.023
12	6.2	5.3	32.9	0.7	0.021	
13	6.7	5.0	33.5	0.4	0.012	
14	6.2	4.9	30.4	0.6	0.020	0.015
15	7.4	5.9	43.7	0.6	0.014	
16	7.3	6.9	50.4	0.9	0.018	
17	8.1	6.2	50.2	1.4	0.028	0.023
18	7.5	6.0	45.0	1.1	0.024	
19	7.8	6.5	50.7	1.3	0.026	
20	7.3	6.2	45.3	1.2	0.026	0.029
21	8.0	6.5	52.0	1.8	0.035	
22	7.7	6.2	47.7	1.8	0.038	
23	7.8	5.3	41.3	1.1	0.027	0.034
24	7.3	7.0	51.1	1.8	0.035	
25	7.5	6.9	51.8	1.8	0.034	
26	7.7	5.9	45.4	1.1	0.024	0.029
27	8.5	6.3	53.6	1.4	0.026	

续表

木块编号	表皮长/mm	表皮宽/mm	表皮面积/mm²	损失重量/mg	损失率/(mg/mm²)	每组总损失率（总损失重量/总表皮面积）
28	7.8	6.4	49.9	8.4	0.169	
29	8.0	6.5	52.0	4.2	0.081	0.118
30	6.9	6.4	44.2	4.7	0.106	

除了称重，本实验中还对振动碰撞实验前后的每个木块进行了拍照。对比这些照片发现，使用加固试剂加固的9组小木块（木块1～27）外观的变化都比较细微，只有未用加固试剂加固的木块28～30这一组用于对照的3个木块中，有2个都发生了很明显的表皮脱落，表皮脱落情况见表5.7。

表 5.7 振动前后部分木块表皮脱落情况

木块编号	振动碰撞实验前	振动碰撞实验后
28		
30		

木块29虽然没有大块表皮脱落，但是褶皱处在振动碰撞后明显磨损得比之前要圆滑许多，虽在照片中不能很好地体现，但是这点还是较为明显的。

分析以上实验结果可以得出一些结论：

使用了加固试剂的木块和未使用加固试剂的木块之间，在实验结果上差距明显。对照组木块28～30中损失率最少的木块29也有0.081mg/mm²的损失率，而使用加固剂加固的木块中损失率最大的是使用4%B72/丙酮溶液加固的木块8，它的损失率不过才是0.039mg/mm²，不足木块29的一半。明显的表皮脱落也只在对照组中发生了，对照组 3 个木块的总重量损失率远超其他各组，其他各组中最大的使用 4%AC33 乳液的木块 7～9 的总损失率也不到对照组的 1/3。这就说明使用加固试剂和未使用加固试剂之间区别十分明显。

而在使用加固试剂的各组之间，差异虽不如上述与对照组的大，但也可以对此作出一些分析。木块 1～3 和木块 4～6 两组使用的加固试剂均为 B72/丙酮溶液，只是前者所用浓度为 4% 而后者为 2%，从实验数据可以看出木块 1～3 的加固效果应是比木块 4～6 稍好，即浓度较大的 4%B72/丙酮溶液对木块的加固效果较好。木块 7～9、木块 10～12 和木块 13～15 三组使用的均为 AC33 乳液，浓度分别是 4%、8% 和 12%，从实验数据可以看出损失率是依次递减的，即浓度最大的 12%AC33 乳液对木块的加固效果最好。木块 16～18 和木块 19～21 两组是使用 4% 的 AC33 与 BA-154 混合乳液，前者比例为 2∶1 而后者为 4∶1，两组的损失率都明显较使用 4%AC33 乳液的木块 7～9 那组低，而木块 16～18 组又较木块 19～21 组稍低些，这就可以说明在 AC33 乳液中混合一些 BA-154 乳液，可以使加固效果增强。木块 22～24 和木块 25～27 两组是用 PVB/乙醇溶液加固的，前者浓度为 2% 而后者浓度为 1%，后一组的损失率比前一组稍低，说明 1%PVB/乙醇溶液的加固效果较好，这与之前的几种加固试剂的情况均有不同，浓度较低的试剂加固效果反而好，造成这种情况发生的原因可能是 2%PVB/乙醇溶液黏度较大，渗透的效果本就不是太好，介于可用和不可用之间，这也就影响了加固的效果。

总体上看木块 1～3 和木块 13～15 的加固效果最好，即 4% 的 B72/丙酮溶液和 12% 的 AC33 乳液加固效果最好；木块 4～6、木块 10～12 和木块 16～18 的加固效果次之，即 2% 的 B72/丙酮溶液、8% 的 AC33 乳液和 4% 的 AC33/BA-154 混合乳液（比例 2∶1）的加固效果次之；其余四种均不太好，尤其是 4% 的 AC33 乳液和 2% 的 PVB/乙醇溶液，即 PVB/乙醇溶液加固效果不好，较高浓度的 B72/丙酮溶液和 AC33 乳液加固效果较好，在 AC33 乳液中混入 BA-154 乳液会使混合乳液的加固效果好于同浓度的 AC33 乳液，而与稍高浓度的 AC33 乳液相近。

3. 外观变化检测

1）实验目的

实验目的是测试通过渗透实验选出的加固试剂使用在木材样品上后造成外观变化的情况。

2）样品处理

由于木材样品表皮凹凸不平，颜色斑驳深浅不一，所以测试外观变化的试验样品不选用带有表皮的木块，而选择从木材样品内部切出的木块进行测试。从木材样品内部切出一些木块，从中选出18个分成9组，同组的两个木块应有一个面在肉眼观察下色泽接近。

3）实验药品与仪器

实验药品：渗透性实验中配制的2%、4%的B72/丙酮溶液，4%、8%、12%的AC33乳液，4%的AC33与BA-154混合乳液（配比为AC33∶BA-154＝2∶1，4∶1），1%、2%的PVB/乙醇溶液，丙酮。仪器：滴管、培养皿、棉布。

4）实验过程

将同组的两个木块并排放置，色泽接近的面朝上，向其中一个木块上滴加加固试剂，另一个木块则不做处理。9组木块分别滴加2%、4%的B72/丙酮溶液，4%、8%、12%的AC33乳液，4%的AC33与BA-154混合乳液（配比为AC33∶BA-154＝2∶1，4∶1），1%、2%的PVB/乙醇溶液。

滴加完毕后将木块放置晾干，观察外观的变化。

5）实验结果与讨论

9组木块外观变化情况见表5.8（每张图片右侧的木块是使用了加固试剂的）。

表 5.8　木块加固前后外观变化情况

加固试剂	加固前外观	加固后外观	外观变化
4%B72			加固后颜色稍加深，木块边缘一圈泛白，部分区域发黑并有晶亮光泽

续表

加固试剂	加固前外观	加固后外观	外观变化
2%B72			加固后木块边缘一圈泛白，似有结晶
4%AC33			加固后颜色稍加深，没有其他外观上明显的变化
8%AC33			加固后颜色稍加深，没有其他外观上明显的变化
12%AC33			加固后颜色稍加深，没有其他外观上明显的变化
4%AC33：BA-154（2:1）			加固后颜色稍加深，没有其他外观上明显的变化
4%AC33：BA-154（4:1）			加固后颜色稍加深，没有其他外观上明显的变化

续表

加固试剂	加固前外观	加固后外观	外观变化
2%PVB			加固后表面有白色结晶，改变表面光泽
1%PVB			加固后颜色稍加深，没有其他外观上明显的变化

图 5.2　用 4% 的 B72/ 丙酮溶液加固后的木块 2

另外在表层强度的测试里，加固过程中也发现用 B72/ 丙酮溶液加固的两组木块（木块 1～6）出现了表面发黑并结晶的现象，改变了表面光泽。可能是表皮上褶皱较多，则结晶现象显得更为严重了（图 5.2）。

文献《几种树脂加固木质文物的比较研究》中提到，B72 和聚乙烯醇缩丁醛溶液在木器表面形成的光亮层可用同种溶剂擦去。在本实验中用棉布蘸取丙酮尝试擦去木块 1～6 表面光亮的结晶，却发现效果并不好。由于木材表面褶皱很多，在不进行浸泡、冲洗等操作而只是擦拭的情况下，可以擦去一些结晶，但仍有一些附着在褶皱凹陷部位很难去除。

总结以上实验现象可以得知，2%、4% 的 B72/ 丙酮溶液及 2% 的 PVB/ 乙醇溶液会在木块的表面形成结晶，改变木块表面光泽，而剩下的几种加固试剂都会造成木块颜色一定程度的加深，但由于加深并不严重，所以对外观的影响较小。

4. 抗老化能力测试

1）实验目的

实验目的是测试通过渗透实验选出的加固剂抗热氧老化和紫外光老化的性能。

2）实验药品与仪器

实验药品：4%B72/丙酮溶液、12%AC33乳液、4%的AC33/BA-154混合乳液（比例2∶1）、2%PVB/乙醇溶液。仪器：滴管、白瓷板、KANGBAO RLP60 B-8紫外消毒柜、黑色塑料袋、101-1A型电热鼓风干燥箱。

3）实验过程

A. 紫外光老化

取一片白瓷板，用滴管在白瓷板上各滴加2滴4%B72/丙酮溶液、12%AC33乳液、4%AC33/BA-154混合乳液（比例2∶1）及2%PVB/乙醇溶液。液滴位置是4行2列，同种试剂在同一行，每列中有4种不同试剂的液滴。静置晾干白瓷板上的液体，观察到它们均在白瓷板上成膜。

用16层黑色塑料袋缠绕住白瓷板的半边，遮盖住一列的4块试剂膜，而露出另一列的4块试剂膜，将白瓷板放入KANGBAO RLP60 B-8紫外消毒柜，进行光老化实验。同时向消毒柜中放入温度计，并在老化过程中时常检测其中温度。在实验过程中，消毒柜内的温度是比较稳定的，大致稳定在36～38℃。

24小时后，取出白瓷板，撤去黑塑料袋，观察暴露于紫外光下的试剂膜相对于被遮挡的试剂膜的变化，并取样测定红外光谱。

B. 热氧老化

取两片白瓷板，用滴管在两片白瓷板上各滴加1滴4%B72/丙酮溶液、12%AC33乳液、4%AC33/BA-154混合乳液（比例2∶1）及2%PVB/乙醇溶液。每片白瓷板上的液滴都排成一列。静置晾干白瓷板上的液体，观察到它们均在白瓷板上成膜。将其中一片白瓷板放置在室温下，而将另一片白瓷板放入101-1A型电热鼓风干燥箱，进行热老化实验。干燥箱中温度稳定在104℃。每隔24小时取出干燥箱中的白瓷板，观察上面的试剂膜相对于另一块放置在室温下的白瓷板上的试剂膜有无明显变化。

120小时后,发现干燥箱中白瓷板上试剂膜的颜色有了较明显的变化,将白瓷板从干燥箱中取出,观察放置于干燥箱中的试剂膜相对于放置于室温的试剂膜的变化,并取样测定红外光谱。

4)实验结果与讨论

A. 紫外光老化

表5.9中白瓷板上从上至下4行试剂膜依次为B72、AC33、AC33/BA-154、PVB,每行的2块是同种试剂。左侧一列是被黑塑料袋遮挡住的,右侧一列是暴露在紫外光下的。

表5.9 紫外光老化前后4种试剂膜颜色变化

紫外光老化前	紫外光老化后	试剂膜的变化
		光老化24小时后,4块试剂膜均发生了颜色变化。其中B72的变化最轻微,只有一点点变化;其次是PVB的颜色变为了淡黄色;AC33的颜色变化比前两者更为明显些;而AC33/BA-154混合试剂的变黄是最严重的

从颜色变化来看,B72、PVB、AC33、AC33/BA-154这四种依次变黄得更加明显,这也就说明木材使用这几种材料加固后再经受光老化,造成的颜色变化是依次更加明显的。

但这实际上并不能完整地说明4种材料抗老化能力的顺序。本实验中在经过光老化和未经过光老化的试剂膜上取了样品,测得它们的红外吸收光谱如图5.3所示。

分析红外谱图可以得到一些信息:

经过24小时的紫外光老化,B72的红外谱图整体形态变化不大,各个吸收峰的相对强度稍有变化但并不太剧烈,主要是1027~1476cm^{-1}的诸峰和2953cm^{-1}、2984cm^{-1}处的两峰相对于1731cm^{-1}附近强峰的相对强度增大,几乎没有峰消失,也没有新的峰产生。

经过24小时的紫外光老化,AC33的红外谱图整体变化也不大,各个吸收峰的相对强度稍有变化但并不剧烈,944~1451cm^{-1}的诸峰与2875cm^{-1}、2936cm^{-1}和2958cm^{-1}处的三峰相对于1733cm^{-1}附近强峰的相对强度增

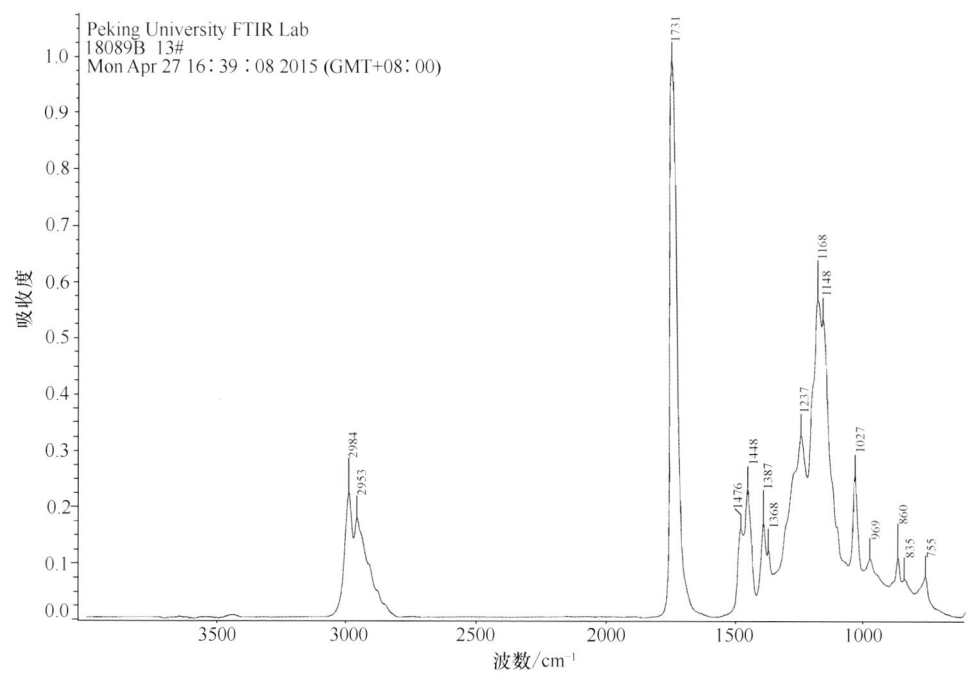

（a）B72 老化前

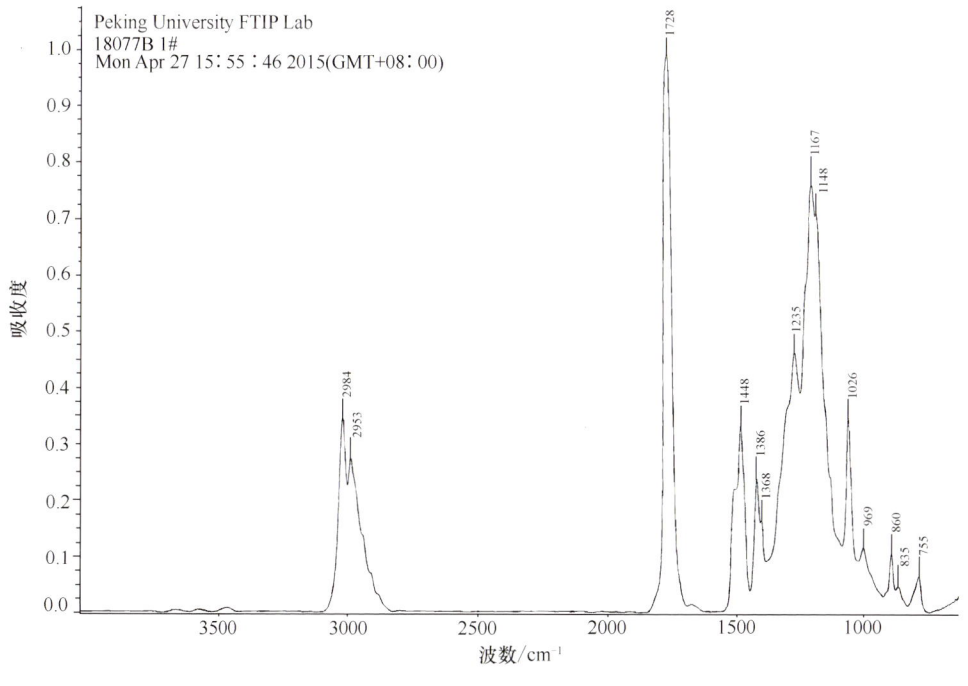

（b）B72 老化后

图 5.3　紫外光老化前后 4 种试剂膜红外吸收光谱图变化

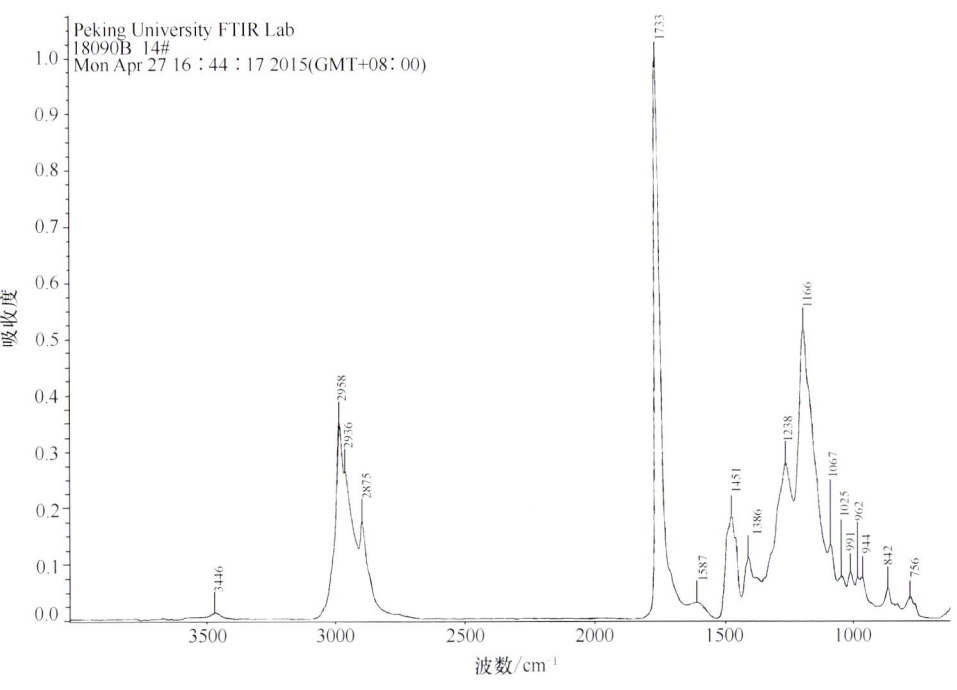

（c）AC33 老化前

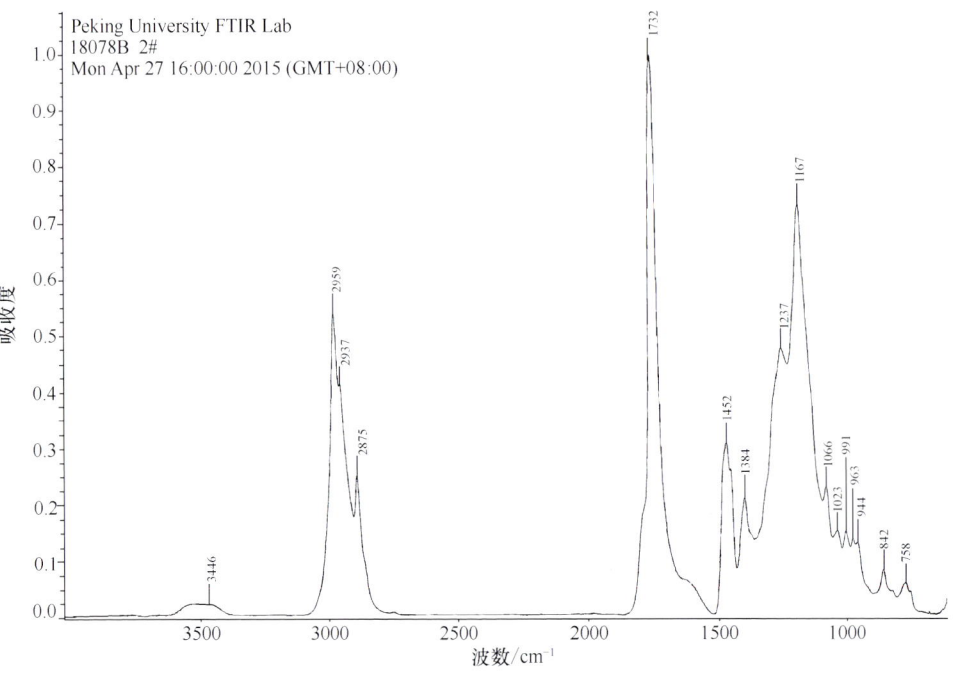

（d）AC33 老化后

图 5.3　紫外光老化前后 4 种试剂膜红外吸收光谱图变化（续）

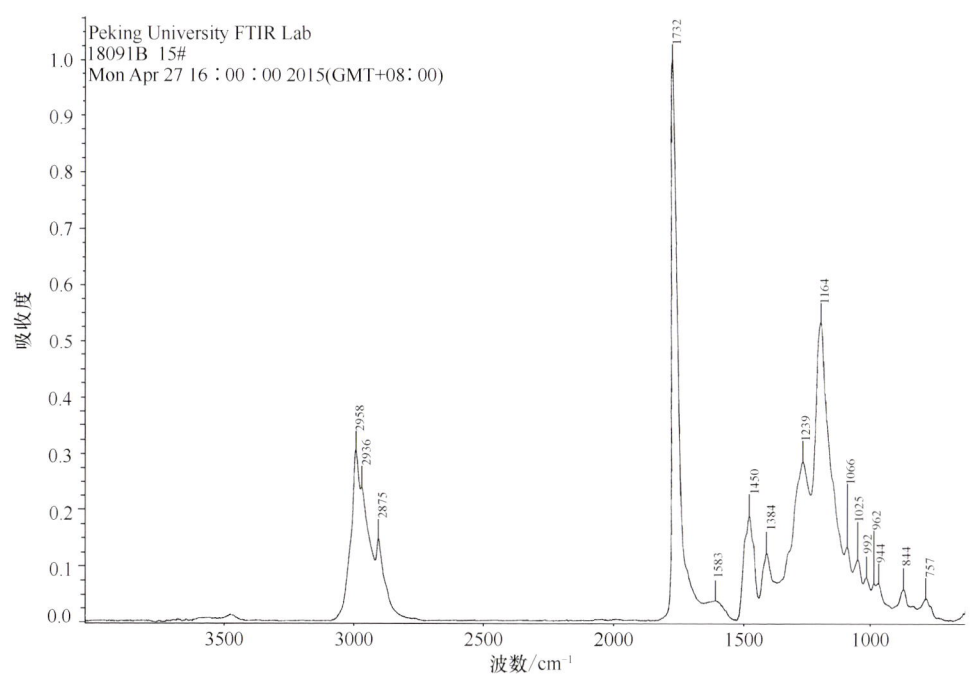

（e）AC33/BA-154 老化前

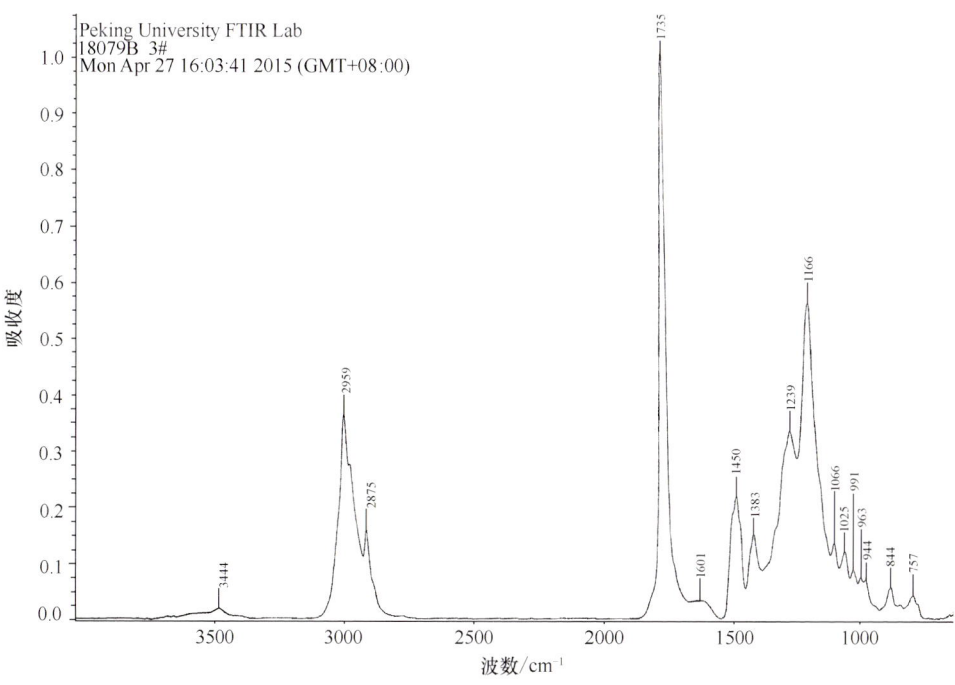

（f）AC33/BA-154 老化后

图 5.3　紫外光老化前后 4 种试剂膜红外吸收光谱图变化（续）

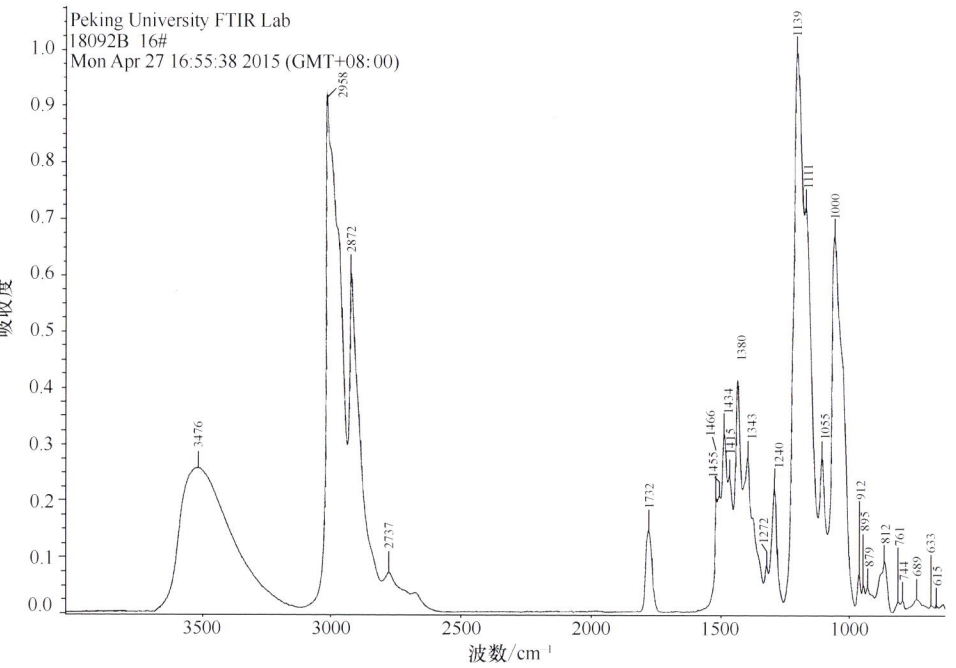

(g) PVB 老化前

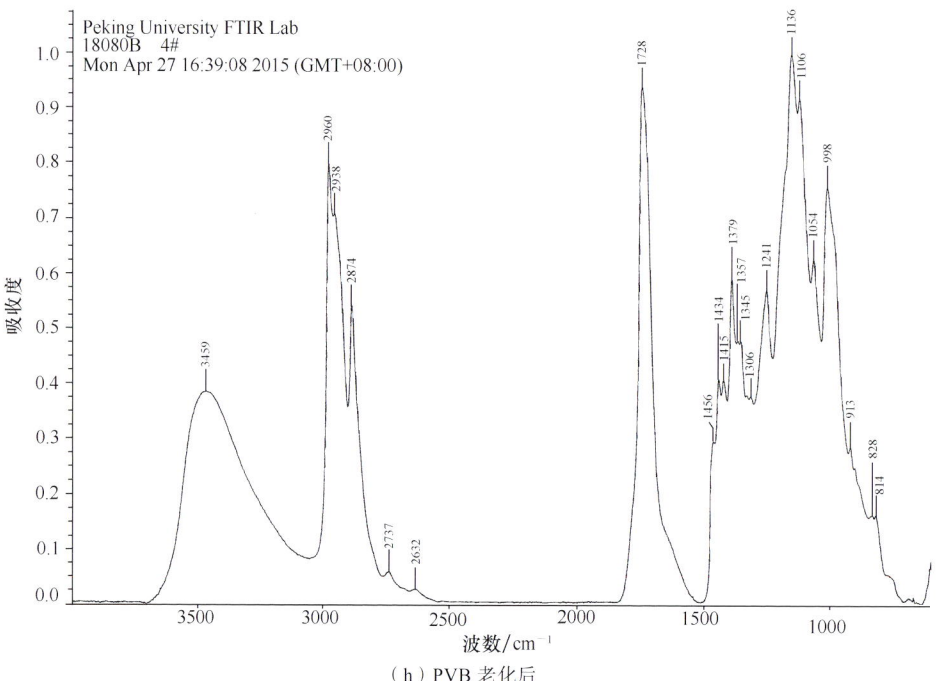

(h) PVB 老化后

图 5.3　紫外光老化前后 4 种试剂膜红外吸收光谱图变化（续）

大，1587cm^{-1}处吸收峰被吞没，没有新的峰产生。

AC33/BA-154混合试剂的红外谱图与AC33的极为相近，只有个别吸收峰相对强度稍有差异，个别区域谱线稍有差别。经过24小时的紫外光老化后，红外谱图的变化与AC33老化之后的变化类似，只是程度更小。

经过24小时的紫外光老化，PVB的红外谱图变化很大，各吸收峰之间相对强度在老化前和老化后有非常大的差异，如老化前1139cm^{-1}处峰强度是1732cm^{-1}处峰的6倍，而老化后这两峰的强度接近，另老化后也有若干吸收峰被吞没，若干新峰产生。

通过以上对红外谱图的分析，可以得出一个有趣的结论。AC33乳液及AC33/BA-154混合乳液经过紫外光老化都容易变色，但其中各组分结构变化不大，这可能代表了我们试验所需的加固性能在老化之后变化并不大；PVB的颜色变化较小，可是聚合物本身结构已经发生了很大变化，这可能代表着加固性能已经减弱或失去；而B72的颜色变化很小，聚合物本身结构变化也不大，这可能代表了B72两方面的抗老化性能都很好。

B. 热氧老化

表5.10中每块白瓷板上从上至下4块试剂膜依次为B72、AC33、AC33/BA-154、PVB，左侧白瓷板是放置在室温中的，右侧白瓷板是在干燥箱中放置120小时后的。

从颜色变化来看，B72、AC33、AC33/BA-154这3种试剂的颜色变化都很轻微，而PVB的颜色变化相比而言就很明显。

本实验中在经过热氧老化和未经过热氧老化的试剂膜上取了样品，测

表5.10 热氧老化前后4种试剂膜颜色变化

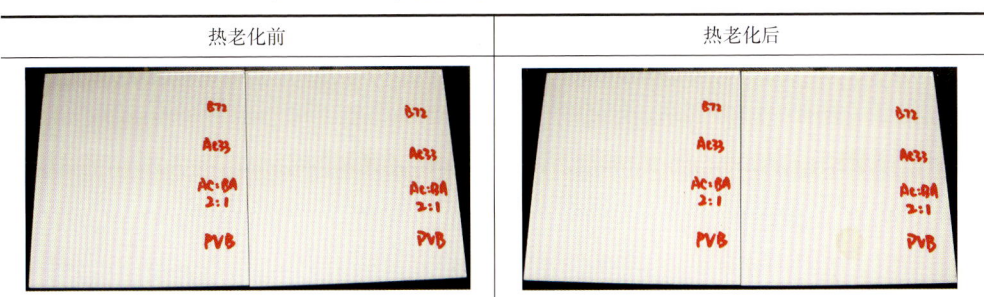

热老化前	热老化后

试剂膜的变化
热老化120小时后，B72试剂膜几乎没有发生颜色变化；AC33试剂膜非常轻微地发黄；AC33/BA-154混合试剂的试剂膜同样是非常轻微地发黄；PVB的颜色变为了淡黄色，变化最为明显

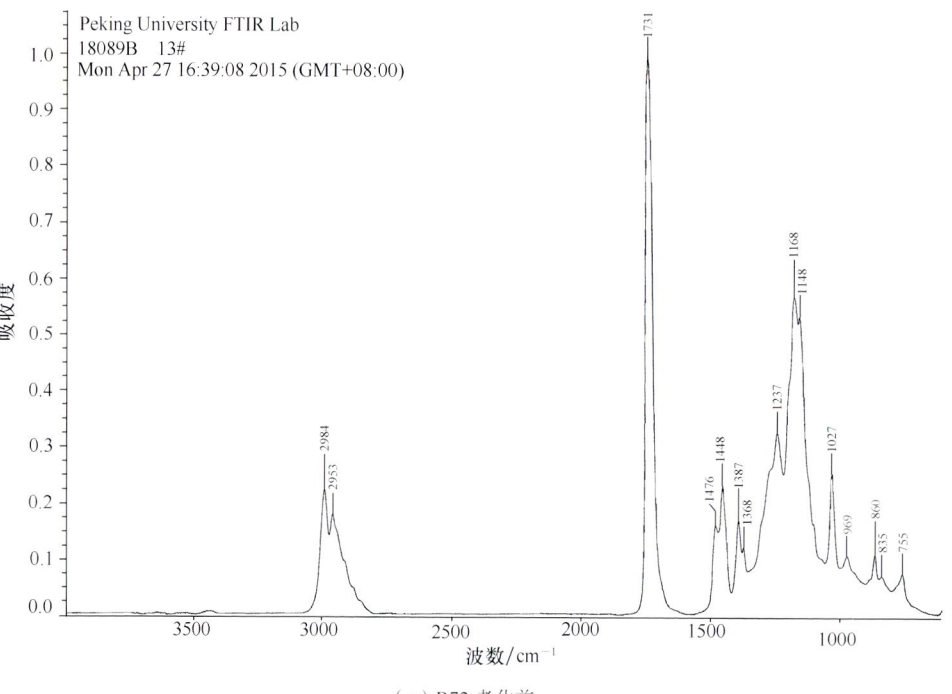

（a）B72 老化前

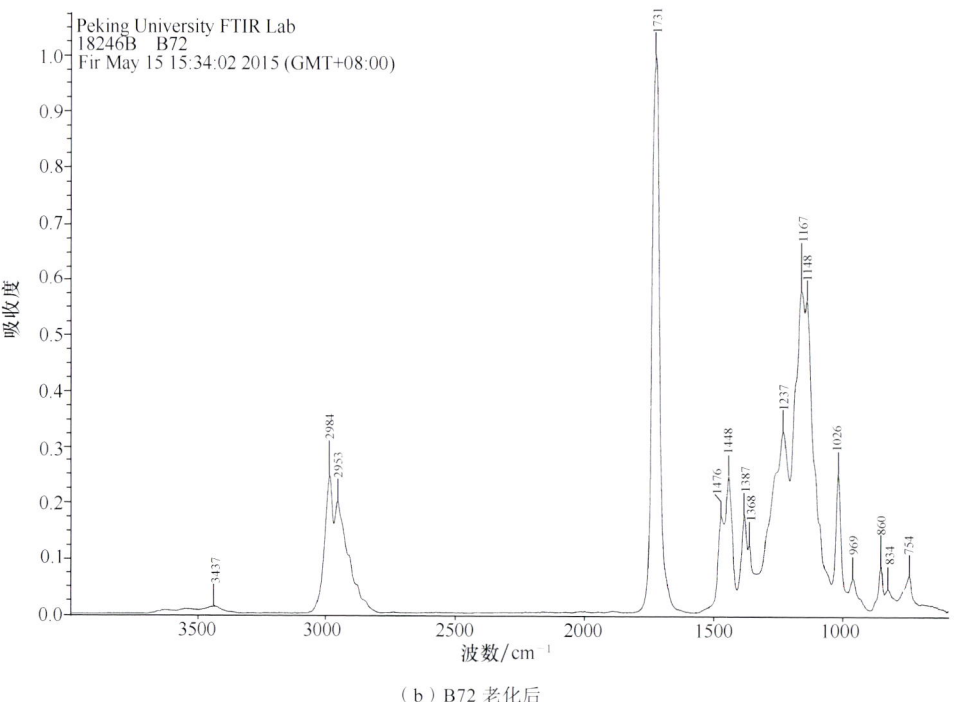

（b）B72 老化后

图 5.4 热氧老化前后 4 种试剂膜红外吸收光谱图变化

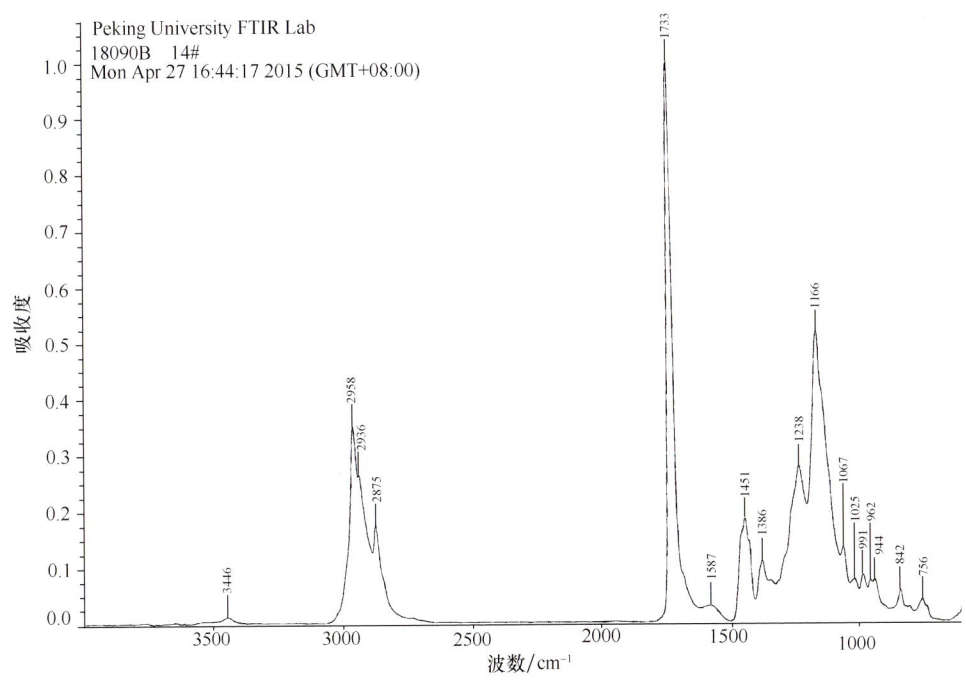

（c）AC33 老化前

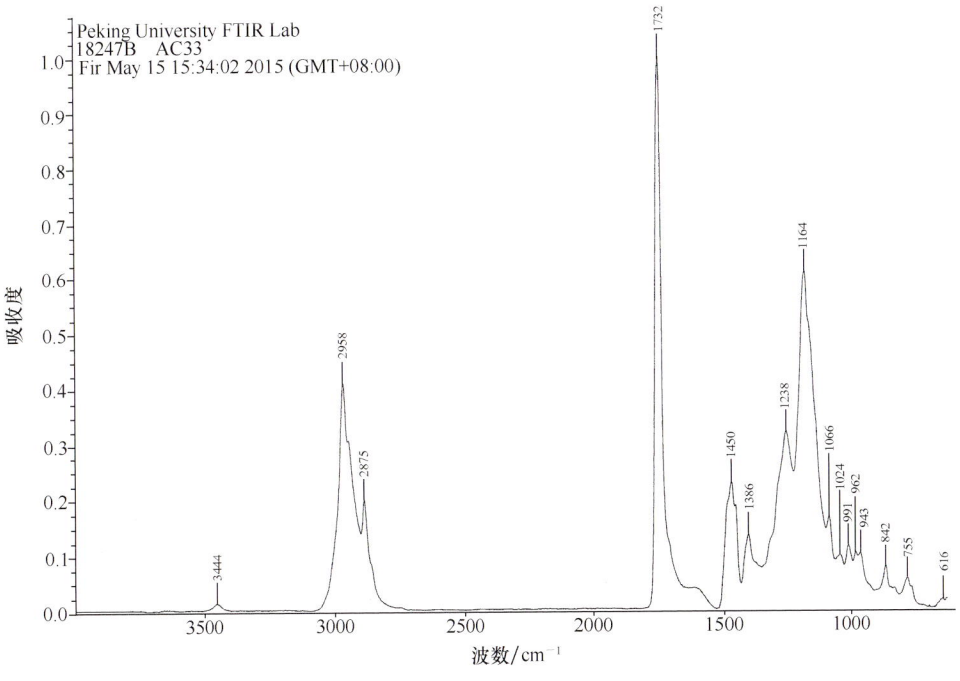

（d）AC33 老化后

图 5.4　热氧老化前后 4 种试剂膜红外吸收光谱图变化（续）

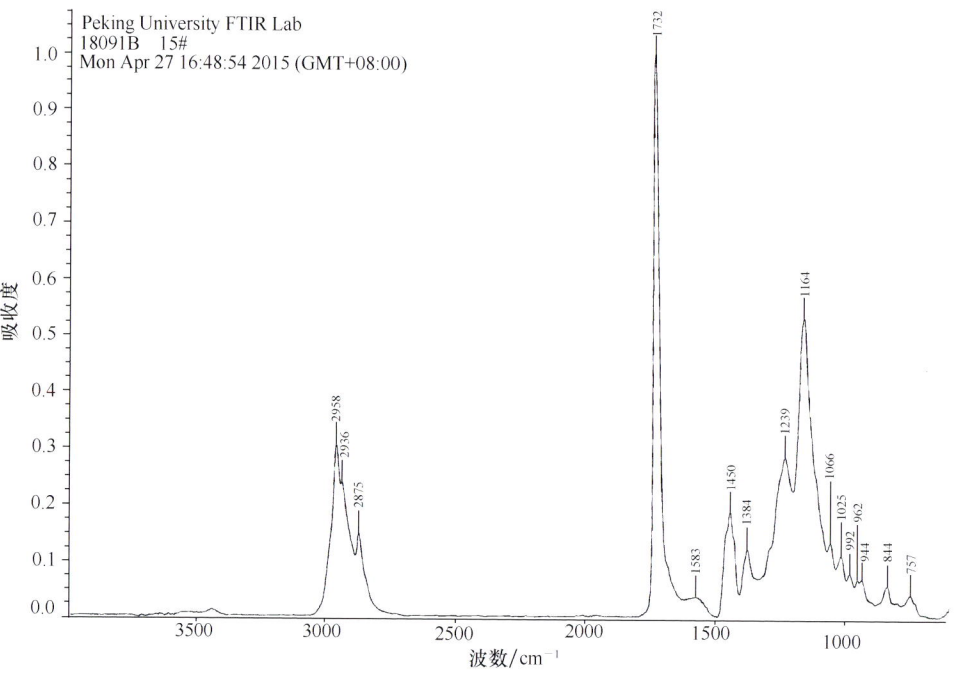

(e) AC33/BA-154 老化前

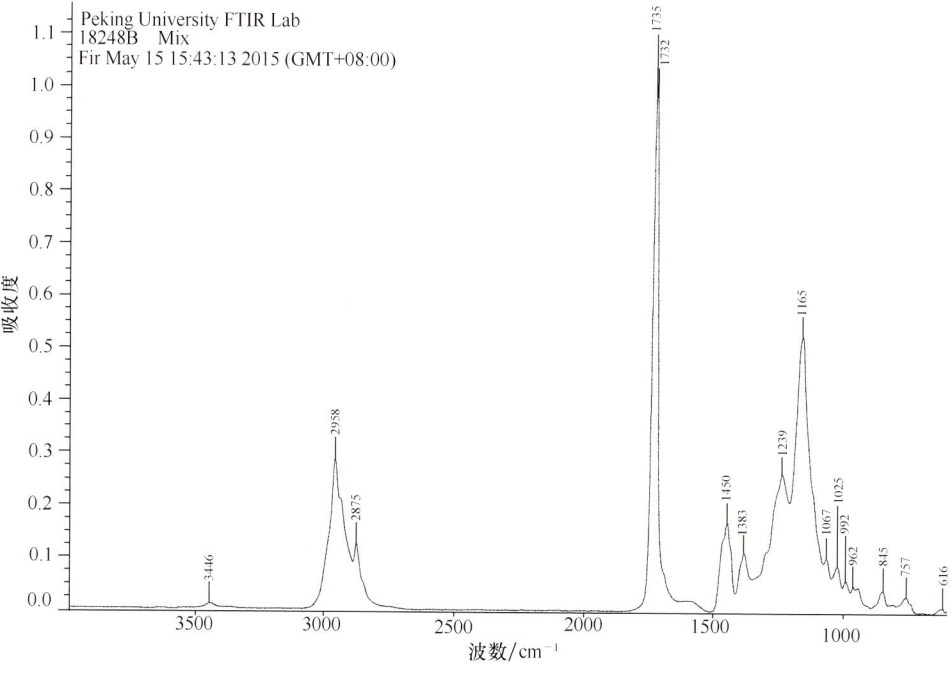

(f) AC33/BA-154 老化后

图 5.4　热氧老化前后 4 种试剂膜红外吸收光谱图变化（续）

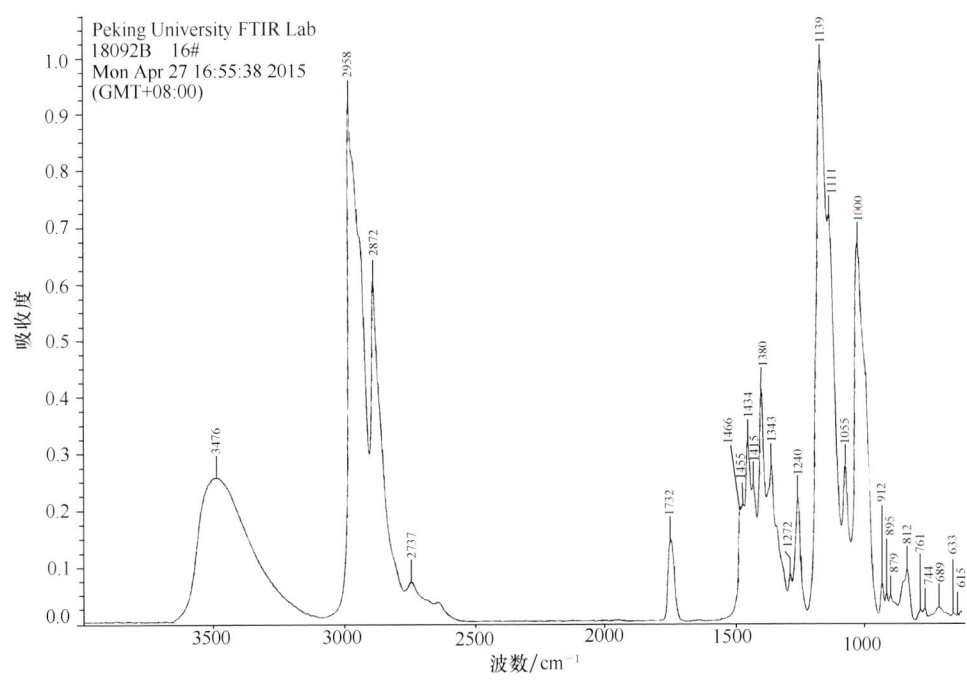

（g）PVB 老化前

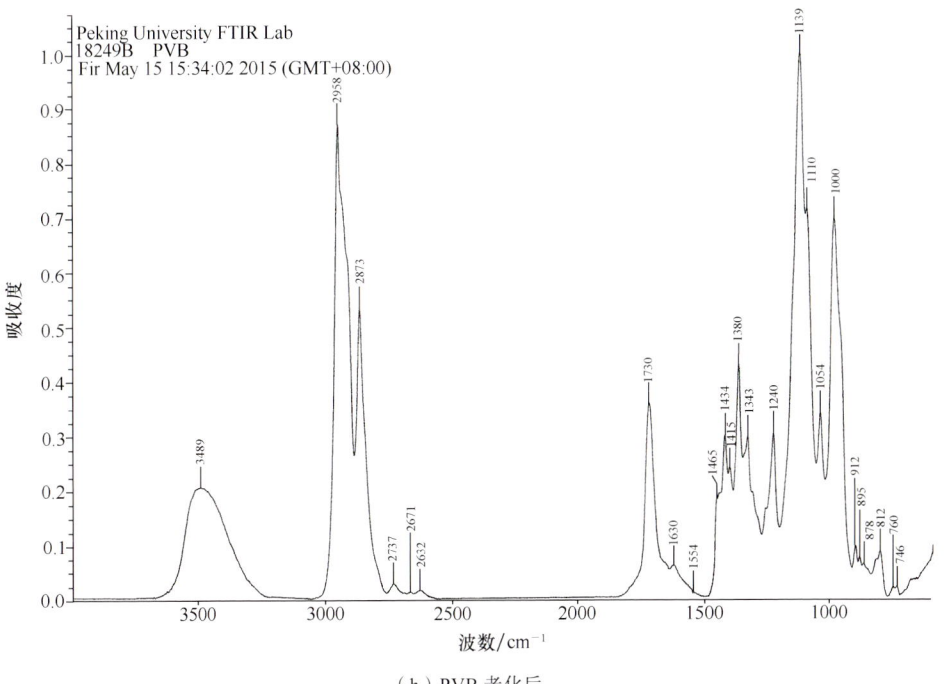

（h）PVB 老化后

图 5.4　热氧老化前后 4 种试剂膜红外吸收光谱图变化（续）

得它们的红外吸收光谱如图 5.4 所示。

对比热氧老化前后 4 种加固材料的红外光谱图可以得出一些结论。

（1）B72 的红外光谱图几乎无变化。

（2）AC33 的红外光谱图变化轻微，1587cm^{-1} 处吸收峰被吞没，一些吸收峰相对强度有轻微变化，整体非常近似。

（3）AC33/BA-154 混合试剂的红外光谱图的变化情况与 AC33 相近，变化非常轻微。

（4）PVB 的红外光谱图变化则比较明显，如老化前 1139cm^{-1} 处峰强度是 1732cm^{-1} 处峰的 6 倍，而老化后 1139cm^{-1} 处峰强度是 1732cm^{-1} 处峰的 3 倍，这个变化是比较明显的。其他一些吸收峰也有变化。

这就说明 B72、AC33 及 AC33/BA-154 混合试剂在热氧老化实验后结构变化均较小，即在热氧老化后仍能较好地保持加固性能；而 PVB 的结构在热氧老化的条件下是 4 种试剂中最易变的，即它的抗老化性最差。4 种材料经热氧老化后颜色变化和红外光谱的变化比较一致。

5. 实验总结与讨论

加固木材，选用了两种溶剂型的合成树脂（聚乙烯醇缩丁醛和丙烯酸树脂 Paraloid B72，简称 PVB 和 B72）和两种合成树脂的水乳液（丙烯酸树脂乳液 RHOPLEX AC33 及 RHOPLEX AC33/BA-154 混合乳液，简称为 AC33 和 BA-154）来测试加固的效果。

在测试加固试剂的渗透性时，从木材样品切出一些带有龟裂表皮的木块进行测试，所有的加固试剂都用滴管从表皮的那一面滴入。这样做的目的是模拟实际加固工作，在实际加固工作中可能会加固体积较大的木材，加固剂肯定只能由木材表皮渗入到一定深度，而不能同时从截面渗入。由于木材三切面的结构不同，液体从这三个切面渗入的能力显而易见是不相同的，这在实验中是需要考虑的因素，不过在本实验中所取的木块，由于表皮面接近于径切面，所以只要是从表皮渗入，方向就是近于弦向，虽可能有些偏差但并不大，于是这个因素就不必考虑了。实验结果表明浓度不小于 6% 的 B72/丙酮溶液、AC33 与 BA-154 比例小于 2∶1 的 4%AC33/BA-154 混合乳液、浓度不小于 4% 的 PVB/乙醇溶液渗透能力均较差，不可用；浓度 16% 以下的 AC33 乳液渗透性均尚可，16% 的 AC33 乳液渗透能力一般，勉强可用；在 AC33 乳液中加入 BA-154 乳液会使渗透性显著下降。于是在可用的范围内选取了以下溶液进行下一步实验：2%、4% 的 B72/ 丙酮溶液，4%、8%、12% 的 AC33 乳液，4% 的 AC33 与 BA-154 混合乳液（使用前先用乙醇润湿表面，配比为 AC33：BA-154＝2：1，4：1），1%、2% 的 PVB/ 乙醇溶液。

在进行表层强度测试时，是从木材样品上切下带有木材龟裂表皮的形状近似的长方体小木块进行实验。加固方法不能使用前人研究中有时会用到的浸泡法，也不能从长方体的 6 个面都进行涂刷或滴注，而只能从表皮那一面滴入，具体原因前文已述。衡量表层强度的方法是借鉴 *A method for the evaluation of surface cohesion of consolidated archaeological wood* 中的方法，计算小木块振动碰撞之后的损失率，只不过由于本书和该文献中木材的性质不同，所以计算损失率的方法不同。该文中小木片整体烧焦，每一处均会掉落木渣，所以用损失重量除以总重量来计算损失率；而本书中小木块只有表层和接近表层的浅层会掉落木渣，而较深处则不会，所以木块上会有一部分对损失重量无贡献，所以不能像文献中那样计算损失率，而是使用损失重量除以表皮面积。实验中的一个不可控因素是每块木块表面的凹凸褶皱程度并不完全相同，实验中用每组三个木块重复实验及尽量按凹凸程度大小均匀安排木块至每组的方法来减小这一因素带来的影响。实验结果显示 PVB/ 乙醇溶液加固效果不好，较高浓度的 B72/ 丙酮溶液和 AC33 乳液加固效果较好，在 AC33 乳液中混入 BA-154 乳液会使混合乳液的加固效果好于同浓度的 AC33 乳液，而与稍高浓度的 AC33 乳液相近。

在外观变化的测试中，发现 2%、4% 的 B72/ 丙酮溶液及 2% 的 PVB/ 乙醇溶液会在木块的表面形成结晶，改变木块表面光泽，而剩下的几种加固试剂都会造成木块颜色一定程度的加深。木块表面光泽的改变比较影响观感，而木块颜色加深肉眼可见，但并不严重，不会严重影响观感。用溶剂尝试擦去木块凹凸表面上的光亮结晶，发现有一定效果，但不能完全擦除。

在老化测试中发现 AC33 乳液及 AC33/BA-154 混合乳液经过紫外光老化都容易变色，但其中各组分结构变化不大；PVB 的颜色变化较小，可是聚合物本身结构已经发生了很大变化,这可能代表着加固性能已经减弱或失去;而B72的颜色变化很小,聚合物本身结构变化也不大,这可能代表了B72两方面的抗老化性能都很好。而经过热老化后B72、AC33及AC33/BA-154混合试剂的颜色与结构变化均较小,只有PVB的颜色与结构变化大,表明PVB的抗老化性能较弱。

总结见表5.11。

表5.11 4项加固性能测试的综合结果

加固材料	浓度（比例）	渗透性	增强表面强度的效果	外观变化	抗老化性（光老化）	抗老化性（热氧老化）
B72	4%	好	好	发黑,表面发亮	颜色变化小,结构变化小	颜色变化小,结构变化小
	2%	好	中等	发黑,表面发亮		
AC33	4%	非常好	不好	颜色稍加深	颜色变化较大,结构变化小	颜色变化较小,结构变化小
	8%	好	中等	颜色稍加深		
	12%	好	好	颜色稍加深		
4%AC33/BA-154混合	2:1	一般	中等	颜色稍加深	颜色变化大,结构变化小	颜色变化较小,结构变化小
	4:1	好	不好	颜色稍加深		
PVB	2%	一般	不好	表面发亮	颜色变化较小,结构变化大	颜色变化大,结构变化大
	1%	好	不好	颜色稍加深		

根据表5.11可知,加固相关的各项性能最好的是12%的AC33乳液,除了在光老化后颜色变化较大外,其他性能都符合要求。另外4%的B72/丙酮溶液效果也较好,除了容易在木材表面留下光亮,不过蘸取丙酮擦拭可以擦去一些,擦拭完之后还会剩下一下光亮结晶,但会有所好转。这两种试剂加固木材后,都可以使单位面积的木材表面在摩擦磕碰之后的损失重量减小为加固前的1/8左右,对木材表面强度的增强效果比较显著。

综合来看,PVB溶液综合加固性能不好,而B72溶液具有良好的抗老化性。4%的B72溶液增强木材表面强度的效果最佳,2%的B72溶液渗透性好,但增强木材表面强度的效果一般,两种浓度下的B72溶液均会使木材表面发黑和变亮。4%的AC33乳液增强木材表面强度的效果不好,但各种浓度的该溶液均有很好的渗透效果,且抗老化性能较好。高浓度的AC33乳液增强木材表面强度效果好,会造成一定程度的木材颜色加深,但不太影响观感。在 AC33 乳液中混入 BA-154 乳液虽然能提升加固木材表面强度的效果，但会降低乳液的渗透性，综合以上两点，直接使用高浓度的 AC33 乳液效果更好。

同时 AC33 乳液是水乳液，相比之下在无毒害方面也是比较好的，而且易于获得，比较适合用于加固大葆台汉墓出土的像本实验中木材样品这样的表面龟裂粉化的木材。

所以说在渗透性能合乎要求的情况下，选用较高浓度的 AC33 乳液来对大葆台出土的表面龟裂和粉化的木材进行渗透加固（如本书中选取的 12%）是一种比较好的选择。如果对木材的外观要求不严格，可以允许木材表面稍有些发亮，那么也可以在渗透能力合格的前提下选择较高浓度的 B72 溶液（由于 B72 溶液对本书中的木材样品表层渗透能力不强，所以本书中选择的 4% 浓度已经是较大的浓度了）。

第六章　保护修复工作

第一节　工作进展总结

本次保护修复工程共分为两期，经两年完成，修复漆棺漆椁共 104 件（套），立木 2 件（套）。

第一期工作时间：2014 年 12 月 3 日至 2015 年 5 月 19 日，共修复漆棺漆椁 25 件（套）。

第二期工作时间：2015 年 11 月 23 日至 2015 年 3 月 21 日，共修复漆棺漆椁 79 件（套），立木 2 件（套）。

第二节　修复工作总结

一、表面清理

文物出土后表面布满灰尘和泥渍，且有微生物富集。将文物由馆方库房抬入修复室之后，拍照记录，用脱脂棉蘸取蒸馏水对文物表面沾上灰尘和泥渍的地方进行清洗，如图 6.1、图 6.2 所示，以 G-W-3 为例，表示表面泥渍清洗前后对比。表面微生物富集的地方，用脱脂棉蘸取 75% 乙醇溶液进行擦拭清洗，对微生物进行清洗的效果如图 6.3、图 6.4 所示，以 G0027 为例，表示清洗前后的对比。

图 6.1　G-W-3 蒸馏水清洗前

图 6.2　G-W-3 蒸馏水清洗后

图 6.3　G0027 微生物清洗前

图 6.4　G0027 微生物清洗后

二、加　　固

1. 黏接加固

对于木胎整体糟朽严重、且有很大裂隙的情况，为不影响文物的保存安全，在完成表面清理之后，使用与樟板同种材质的木粉混合聚醋酸乙烯酯乳液对木胎进行黏接，并用工具固定，最后使用 RHOPLEX AC33 与 BA-154 复合试剂对木胎进行渗透加固，如图 6.5～图 6.7 所示，以 G0005 为例，表示加固过程。

图 6.5　G0005 黏接加固中

图 6.6　G0005 加固前

图 6.7　G0005 加固后　　　　　　　　　图 6.8　竹钉加固

2. 竹钉加固

G0027 在修复过程中，我们发现在棺板的侧面裂隙很大，使用黏接剂可能达不到预期的效果，但文物的木胎部分保存状况较好，最后选择用钉子将断裂的面进行固定。图 6.8 中白色原点即为竹钉的位置。

三、漆膜回软和加固

大部分文物的漆膜保存状况不理想，大量漆膜与木胎脱离，开裂情况严重，本次工作中使用蒸汽对起翘的漆膜进行软化，同时使用松香、蜂蜡、乳香进行回贴。如图 6.9 所示，修复人员正在对漆膜进行回软。

一部分漆膜下方由于木胎的糟朽而形成空鼓，此时利用同种木粉混合

图 6.9　漆膜回软

白乳胶，填充漆膜下方的空鼓区域，防止漆面因受力而破碎。如图 6.10、图 6.11 所示，为 G0020 黑色漆膜回贴前后对比。

图 6.10 漆膜回贴加固前

图 6.11 漆膜回贴加固后

四、漆面补色

如图 6.12、图 6.13 所示，G-W-5 漆膜保存状况较好，只有小部分残缺，故对漆膜的残损与裂隙处进行勾补、全色，使新修补的部位与文物本体达到"远看一致，近看有别"的效果。

图 6.12 G-W-5 漆面补色前

图 6.13 G-W-5 漆面补色后

第三节 修复后评估及保护建议

一、修复后评估

大葆台汉墓 104 件（套）漆棺漆椁与 2 件（套）立木经修复后，木胎部分的强度和韧性都得到了提高,漆面稳定。修复后外观得以改善,在理想的保存条件下病害不会加剧。

二、保存环境建议

文物藏品库及展厅的温度控制在16~24℃,相对湿度控制在50%~60%。

建议陈列展出时,使用不辐射紫外线的光源,或在普通光源上涂一层紫外线吸收剂滤去紫外光,使紫外线含量低于75μW/lm,最好使用光导纤维照明。光线不宜直射,灯光照明度应控制在30~50Lux,以能看清文物为准。库房和展厅应使用空气过滤设备,减少空气中的有害气体和灰尘,保持空气洁净度。定期用吸尘器清扫房屋,用软布、排笔清除文物表面灰尘。

第四节　修复过程中的发现

一、发现疑似木杖印痕

在清理漆膜之后,我们分别在G0013、G0034、G0029的黑色漆面上发现了长条形的压痕(图6.14~图6.16)。

图6.14　G0013

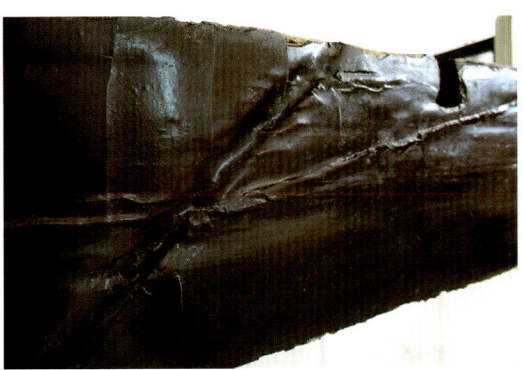

图6.15　G0034

在大葆台一号墓发掘过程中，在中棺盖板上发现一木杖（图6.17、图6.18），出土时已被外棺压扁。"为天然木略经加工而成，上涂一层薄漆。长90cm"[1]。

从漆膜上长条形的压痕的形状推测即为木杖的压痕，根据这一点，我们猜测G0013、G0034、G0029很有可能同为中棺盖板。

图6.16　G0029

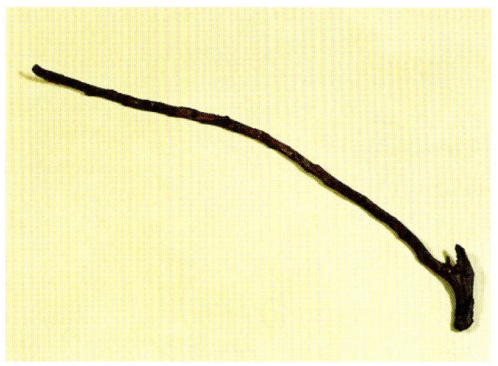

图6.17　木杖

图6.18　中棺盖板上的木杖

二、发现疑似汉代五铢钱印迹

在对G-W-4棺板进行清理时，发现在红色漆面的部分有5个圆形的印迹，

---

[1] 大葆台汉墓发掘组，中国社会科学院考古研究所. 北京大葆台汉墓. 北京：文物出版社. 1989：56.

怀疑是 5 枚汉代五铢钱的痕迹（图 6.19～图 6.21）。

一号墓出土钱币 300 余枚。出土于前室和外棺、内棺地板上。部分残碎锈蚀[1]。

图 6.19　G-W-4 棺板上疑似五铢钱印迹

图 6.20　G-W-4 棺板上疑似五铢钱印迹局部

图 6.21　G-W-4

---

[1]　大葆台汉墓发掘组，中国社会科学院考古研究所. 北京大葆台汉墓. 北京：文物出版社. 1989：63.

附录1　木材样品鉴定结果

1. S1 墓底木炭——麻栎 *Quercus* sp.

1）木材解剖特征

生长轮甚明显，早材至晚材急变，环孔材，早材管孔通常较大，连续排列成明显早材带，宽1~3个管孔。晚材管孔较小，径列，通常宽1~2细胞。单穿孔，卵圆形，管间纹孔式互列，圆形。环管管胞量多，常与薄壁组织相混杂，围绕于大导管周围及晚材导管区域内。轴向薄壁组织量多，星散－聚合及离管带状，宽1~3细胞，排列不规则，弦向断续相连，间星散状。木纤维壁厚。木射线单列较多，宽木射线宽至许多细胞，有时被单列射线分割。射线组织同形单列及多列。导管与射线间纹孔式为刻痕状及肾形或类似管间纹孔式。胞间道缺如（图1、图2）。

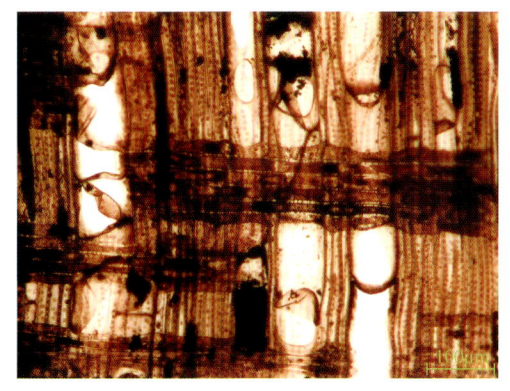　　

图1　径切面　　　　　　　　　　图2　弦切面

根据以上特征，确定其为壳斗科（Fagaceae）麻栎属（*Quercus*）。

2）树木及分布

本属约350种。我国约60种。麻栎乔木，高25m，胸径1m。树皮褐色，不规则深纵裂。产于江苏、浙江、安徽、福建、江西、湖南、湖北、广东、广西、贵州、云南、山西、河北等省（区）及辽宁南部。

3）木材加工、工艺性质

纹理直，结构粗，重而硬，不易干燥，加工困难。适宜作枕木、坑木、木桩、桥梁、运动器材、车辆、船舶等，为优良的薪炭及烧炭用材。

4）物理力学性质（参考地：安徽肥西）

中文名称	密度/(g/cm²)		干缩系数/%			抗弯强度/MPa	抗弯弹性模量/GPa	顺纹抗压强度/MPa	冲击韧性/(kJ/m²)	硬度/MPa		
	基本	气干	径向	弦向	体积					端面	径面	弦面
麻栎	6.88	0.930	0.210	0.389	0.616	126.1	16.475	51.1	−119.9	79.8	74.0	72.8

2. S2-1 地板木——落叶松 *Larix* sp.

1）木材解剖特征

生长轮明显，早材至晚材急变。早材管胞横切面为长方形，径壁具缘纹孔1～2（2列甚多）列；晚材管胞横切面为方形及长方形，径壁具缘纹孔1列。轴向薄壁组织偶见。木射线具单列和纺锤形两类：①单列射线高1～34细胞，多数7～20细胞；②纺锤射线具径向树脂道。射线管胞存在于上述两类射线的上下边缘及中部，内壁锯齿未见，外缘波浪形。射线薄壁细胞水平壁厚。射线细胞与早材管胞间交叉场纹孔式为云杉型，少数杉木型，通常4～6个。树脂道轴向者大于径向，泌脂细胞壁厚（图3～图5）。

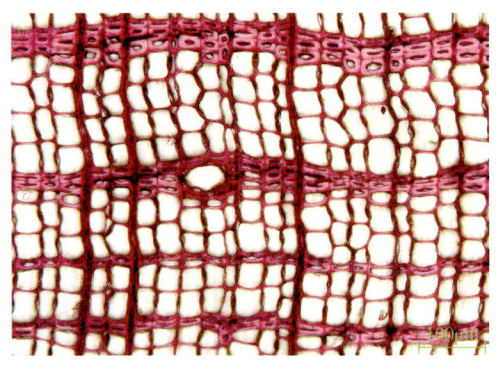

图3 横切面

根据以上特征，确定其为松科（Pinaceae）落叶松亚科（Lariciodeae）落叶松属（*Larix*）落叶松（*L.*sp.）。

2）树木及分布

以落叶松为例：大乔木，高可达35m，胸径90cm。分布在东北、内蒙古、山西、河北、新疆等地区。

3）木材加工、工艺性质

干燥较慢，且易开裂和劈裂；早晚材性质差别大，干燥时常有沿年轮

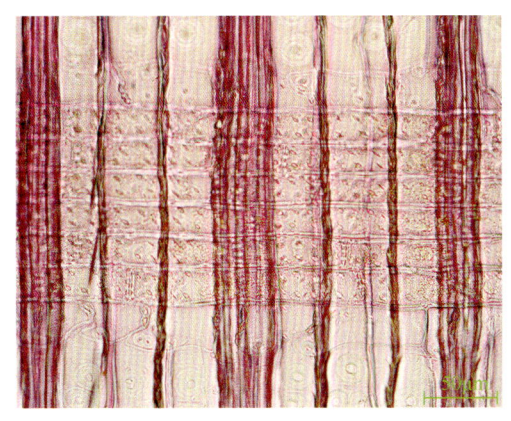
图4 径切面

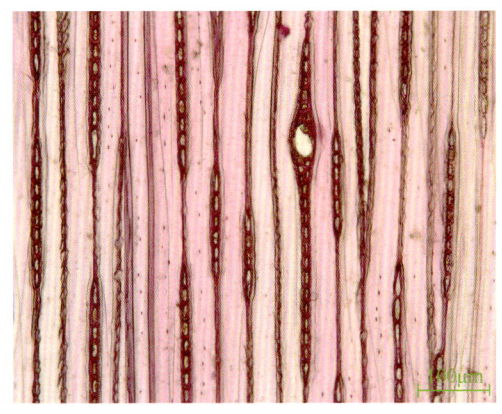
图5 弦切面

交界处轮裂现象；耐腐性强，是针叶树材中耐腐性最强的树种之一，抗蚁性弱，能抗海生钻木动物危害，防腐浸注处理最难；多油眼；早晚材硬度相差很大，横向切削困难，但纵面颇光滑；油漆后光亮性好；胶粘性质中等；握钉力强，易劈裂。

4）木材利用

因强度和耐腐性在针叶树材中均属较大，原木或原条比红杉类更适宜做坑木、枕木、电杆、木桩、篱柱、桥梁及柱子等。板材做房架、径锯地板、木槽、木梯、船舶、跳板、车梁、包装箱。亦可用于硫酸盐法制纸，幼龄材适于造纸。树皮可以浸提单宁。

5）物理力学性质（参考地：东北小兴安岭）

中文名称	密度/（g/cm²）		干缩系数/%			抗弯强度/MPa	抗弯弹性模量/GPa	顺纹抗压强度/MPa	冲击韧性/（kJ/m²）	硬度/MPa		
	基本	气干	径向	弦向	体积					端面	径面	弦面
落叶松	—	0.641	0.169	0.398	0.588	111.078	14.216	56.471	48.020	36.961		

3. S2-2 地板木——硬木松 *Pinus* sp.

1）木材解剖特征

生长轮甚明显，早材至晚材急变。早材管胞横切面为方形及长方形，径壁具缘纹孔通常1列，圆形及椭圆形；晚材管胞横切面为长方形、方形及多边形，径壁具缘纹孔1列、形小、圆形。轴向薄壁组织缺如。木射线单列和纺锤形两类：单列射线通常3~8细胞高；纺锤射线具径向树脂道，近道上下方射线细胞2~3列，射线管胞存在于上述两类射线中，位于上

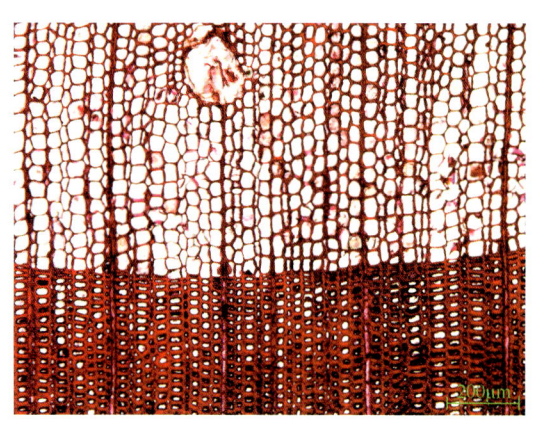

图6 横切面

下边缘1~2列。上下壁具深锯齿状或犬牙状加厚，具缘纹孔明显、形小。射线薄壁细胞与早材管胞间交叉场纹孔式为窗格状1~2个，通常为1个，具轴向和横向树脂道，树脂道泌脂细胞壁薄，常含拟侵填体，径向树脂道比轴向树脂道小得多（图6~图8）。

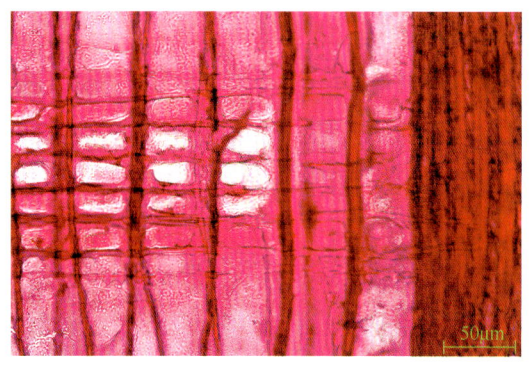

图7 径切面

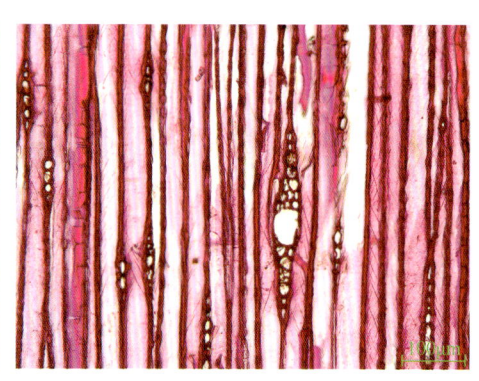

图8 弦切面

根据以上特征，确定其为松亚科（Pinoideae）松属（Pinus）双维亚属（Subegen. Diploxylom Koebne）硬木松类的硬木松（Pinus sp.）。

2）树木及分布

以油松为例：大乔木，高可达25m，胸径2m。分布在东北、内蒙古、西南、西北及黄河中下游。

3）木材加工、工艺性质

纹理直或斜，结构粗或较粗，较不均匀，干燥较快，板材气干时会产生翘裂；有一定的天然耐腐性，防腐处理容易。

4）木材利用

可用作建筑、运动器械等。参考马尾松（适于作造纸及人造丝的原料；目前大量用于包装工业以代替红松；原木或原条经防腐处理后，最适于作坑木、电杆、枕木、木桩等，并为工厂、仓库、桥梁、船坞等重型结构的原料；房屋建筑上如用作房架、柱子、搁栅、地板和里层地板、墙板等；通常用作卡车、电池隔电板、木桶、箱盒、橱柜、板条箱、农具及日常用具；运动器械方面有跳箱、篮球架等；原木适于做次等胶合板，南方多做火柴杆盒）。

5）物理力学性质（参考地：湖南莽山）

中文名称	密度/(g/cm^2)		干缩系数/%			抗弯强度/MPa	抗弯弹性模量/GPa	顺纹抗压强度/MPa	冲击韧性/(kJ/m^2)	硬度/MPa		
	基本	气干	径向	弦向	体积					端面	径面	弦面
马尾松	0.510	0.592	0.187	0.327	0.543	77.843	11.765	36.176	44.394	41.373	31.569	35.294

4. S-3 题凑木——侧柏 *Platycladus orientalis*

1）木材解剖特征

生长轮明显，早材至晚材渐变。早材管胞横切面为圆形、方形；晚材管胞横切面为长方、椭圆形，径壁具缘纹孔1列。轴向薄壁组织量多或略少；星散及弦向带状。木射线单列，高1～28细胞，多数2～15细胞水平壁厚，通常不见纹孔，端壁节状加厚通常缺如；凹痕明显。射线细胞与早材管胞间交叉场纹孔式为柏木型，1～4（通常2～3）个。树脂道缺如（图9～图11）。

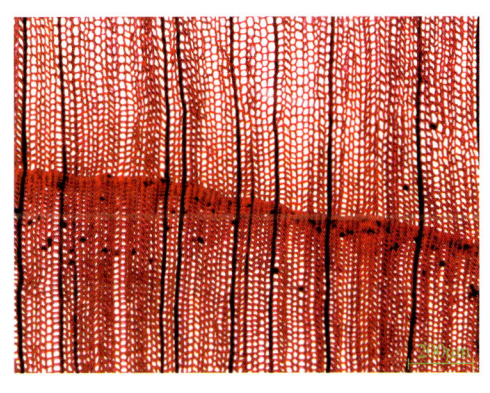

图9　横切面

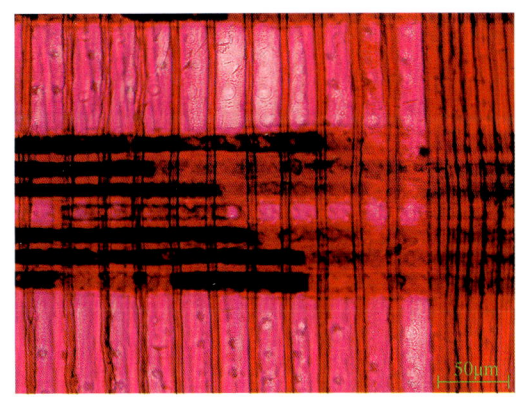

图10　径切面

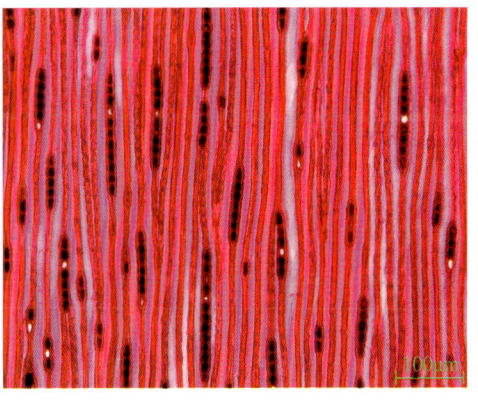

图11　弦切面

根据以上特征，确定其为柏科（Cupressaceae）侧柏亚科（Thujoideae）侧柏属（*Platycladus*）侧柏（*P.orientalis* L.）。

2）树木及分布

乔木，高达20m，胸径1m。分布在内蒙古、东北南部，经华北向南至两广北部，西至陕西、甘肃，西南至四川、云南、贵州。

3）木材加工、工艺性质

纹理斜，结构细而均匀，重量及硬度中，干缩小，强度及冲击韧性中；干燥较慢，但干后性质稳定，不变形，耐腐性强，抗蚁性中。

4）木材利用

因加工及耐腐性能好，适于做雕刻、文具及建筑方面的多种材料，亦可制作家具。

5）物理力学性质（参考地：安徽萧县）

中文名称	密度/（g/cm²）		干缩系数/%			抗弯强度/MPa	抗弯弹性模量/GPa	顺纹抗压强度/MPa	冲击韧性/（kJ/m²）	硬度/MPa		
	基本	气干	径向	弦向	体积					端面	径面	弦面
侧柏	0.502	0.612	0.093	0.132	0.249	95.686	8.431	46.078	77.224	54.608	41.569	44.902

5. S-4 未知木——硬木松 *Pinus* sp.

1）木材解剖特征

生长轮甚明显，早材至晚材急变。早材管胞横切面为方形及长方形，径壁具缘纹孔通常1列，圆形及椭圆形；晚材管胞横切面为长方形、方形及多边形，径壁具缘纹孔1列、形小、圆形。轴向薄壁组织缺如。木射线单列和纺锤形两类，单列射线通常3～8细胞高；纺锤射线具径向树脂道，近道上下方射线细胞2～3列，射线管胞存在于上述两类射线中，位于上下边缘1～2列。上下壁具深锯齿状或犬牙状加厚，具缘纹孔明显、形小。射线薄壁细胞与早材管胞间交叉场纹孔式为窗格状1～2个，通常为1个，具轴向和横向树脂道，树脂道泌脂细胞壁薄，常含拟侵填体，径向树脂道比轴向树脂道小得多（图12～图14）。

根据以上特征，确定其为松亚科（Pinoideae）松属（*Pinus*）双维亚属（*Subegen. Diploxylom* Koebne）硬木松类的硬木松（*Pinus* sp.）。

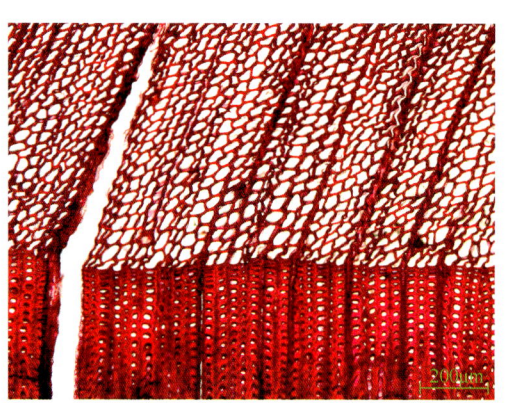

图12　横切面

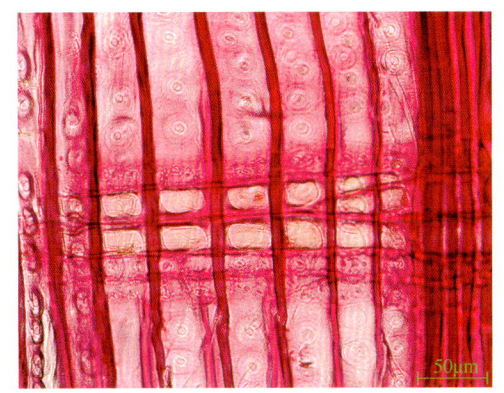
图 13　径切面

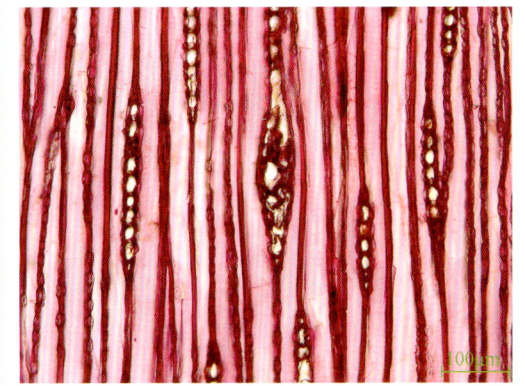
图 14　弦切面

2）树木及分布

以油松为例：大乔木，高可达 25m，胸径 2m。分布在东北、内蒙古、西南、西北及黄河中下游。

3）木材加工、工艺性质

纹理直或斜，结构粗或较粗，较不均匀，干燥较快，板材气干时会产生翘裂；有一定的天然耐腐性，防腐处理容易。

4）木材利用

可用作建筑、运动器械等。参考马尾松（适于作造纸及人造丝的原料；目前大量用于包装工业以代替红松；原木或原条经防腐处理后，最适于作坑木、电杆、枕木、木桩等，并为工厂、仓库、桥梁、船坞等重型结构的原料；房屋建筑上如用作房架、柱子、搁栅、地板和里层地板、墙板等；通常用作卡车、电池隔电板、木桶、箱盒、橱柜、板条箱、农具及日常用具；运动器械方面有跳箱、篮球架等；原木适于做次等胶合板，南方多做火柴杆盒）。

5）物理力学性质（参考地：湖南莽山）

中文名称	密度 /（g/cm²）		干缩系数 /%			抗弯强度 /MPa	抗弯弹性模量 /GPa	顺纹抗压强度 /MPa	冲击韧性 /（kJ/m²）	硬度 /MPa		
	基本	气干	径向	弦向	体积					端面	径面	弦面
马尾松	0.510	0.592	0.187	0.327	0.543	77.843	11.765	36.176	44.394	41.373	31.569	35.294

附录2　大葆台汉墓木材含水率及气干密度测定方法

参考GB1931—91《木材含水率测定方法》，并结合大葆台汉墓木材在取样方面受到的限制，确定其含水率及气干密度测定方法如下。

设备：电子天平、烘箱、烧杯（100mL）、细铁丝、保鲜膜。

试样：纯净水、所取木材样品（地板木落叶松、地板木硬木松、题凑木侧柏、库房硬木松各1个，共4个）。

步骤：

（1）将试样进行称重（m_1）。

（2）同批试样一并放入烘箱，设定烘干温度为103℃，在103℃±2℃下烘干90分钟，进行第一次称重，此后每隔30分钟称重一次，至两次相差不超过3mg，认定为全干，最终质量记为m_0。

（3）烧杯装入适量纯净水，称重（m_2）。

（4）取出样品后，迅速用保鲜膜包严密封，再将试样用细铁丝缠绕，浸没于上述烧杯中（勿触壁及底），称重（m_3）。

（5）测量室温，查找相应温度下水的密度ρ，计算：

$$含水率\ w(\%) = (m_1 - m_0)/m_0 \times 100;$$
$$体积\ V = (m_3 - m_2)/\rho_水;$$
$$气干密度\ \rho = m_0/V = m_0/(m_3 - m_2) \times \rho_水。$$

附录3 大葆台汉墓木材样品含水率及气干密度测定具体实验数据

实验过程中实验室室温在 20℃ ±2℃，因此采用 20℃时水的密度来计算湿体积，此时 $\rho_水$ 为 0.9983g/cm³。

由于落叶松样品较小，在用排水法测体积时有较大误差，故此处只得出其含水率数值。

样品编号	m_1/g	m_0/g	m_2/g	m_3/g	干体积 V/cm³	气干密度 ρ/(g/cm³)	含水率 w/%
D 落叶松	0.472	0.437	—	—	—	—	8.0
D 硬木松	2.960	2.750	128.283	133.641	5.367	0.512	7.6
T 侧柏	3.044	2.821	130.158	136.207	6.059	0.466	7.9
K 硬木松	1.922	1.800	129.290	133.402	4.119	0.437	6.8

后　　记

　　北京大葆台西汉墓是我国发现的最早的一座具有"黄肠题凑"形制的大型西汉墓葬，近年来，北方地区陆续发现"黄肠题凑"形制的墓葬，在此基础上，本书希望通过对其木构件及棺椁的研究与保护，为西汉墓葬的木构件与棺椁的保护修复工作提供一些资料，为后来的文物保护修复工作提供案例。

　　《大葆台汉墓黄肠题凑及棺椁的保护与研究》一书是众人努力的成果，历经几年寒暑，汇聚了大家多年的心血。从现场调查与取样、实验分析、现状评估、制订修复方案、模拟实验、选择保护修复路线，再到具体的现场保护修复，以及本书的编写工作，各个过程都得到了专家学者的帮助，在本书即将完稿之际，我们编创人员想再一次感谢在工作中给予我们无私帮助的人们。

　　首先感谢北京大学考古文博学院王恺博士，是他在木材学上的造诣，帮助我们确定了北京大葆台西汉墓一号墓"黄肠题凑"的木材种类为侧柏，而非文献中所提到的柏木。这一项新的发现，为研究西汉墓葬形式提供了坚实可靠的依据，为中国古代墓葬形式和北方地区墓葬用料提供了证据。同时，王恺博士对整个实验过程进行了全程的指导，包括红外光谱分析、微生物显微观察，以及设计加固剂的性能测试等实验，在写作工作的最后，我们再一次感谢在百忙之中抽空帮助我们的王恺博士，是他的帮助，让我们的工作最后得以顺利的完成！

　　感谢现故宫博物院助理研究员张琼，中国国家博物馆助理研究员宋晶，北京大学考古文博学院张吉博士等，在项目前期，他们奔赴现场，进行调查、拍照、取样、分析，研究资料搜集、整理并完成相应部分的写作工作。

特别要感谢魏玉彩老师，在他的带领下，修复组的同志顺利完成了棺椁漆板的修复工作。

最后，对参与这个项目的所有工作人员表示衷心的感谢，是大家的努力，让这个项目得以顺利完成！